Rolf Maurer

Spitzkraut Landschwein Höri-Bülle

Für Elke, Conny, Petra, Chrissi und Nika

Naturschätze

Silberburg-Verlag

Rolf Maurer

Spitzkraut
Landschwein
Höri-Bülle

Gaumenfreuden aus Baden-Württemberg wiederentdeckt

Mit zahlreichen Rezepten von Meisterköchen

Der Autor:
Rolf Maurer, Jahrgang 1953, ist Fernsehjournalist, Autor, Kolumnist und fotografiert seit seiner Kindheit. Seine besondere Liebe zur Kulinarik, zu Lebensmitteln aller Art, zu deren Kulturgeschichte, Herstellung und Veredelung entwickelte er zusammen mit seiner Ehefrau Elke Knittel (gest. 2007). Mit ihr zusammen entstanden zahlreiche Bücher, unzählige Zeitschriften- und Zeitungsbeiträge, Vorträge sowie Radio- und Fernsehsendungen.

1. Auflage 2011

Umschlaggestaltung:
Christoph Wöhler, Tübingen.
Alle Fotos von Rolf Maurer, Stuttgart.
Druck: Gulde-Druck, Tübingen.
Printed in Germany.

ISBN 978-3-8425-1100-2

Besuchen Sie uns im Internet
und entdecken Sie die Vielfalt
unseres Verlagsprogramms:
www.silberburg.de

Inhalt

Prolog

Den eigenen Ast absägen, auf dem man sitzt – für diese Disziplin hat der Mensch von jeher eine besondere Begabung. Umgekehrt scheint seine Urteilskraft eher mit einem Verzögerungsmechanismus ausgestattet worden zu sein. Er bemerkt Fehlsteuerungen immer erst, wenn es (fast) zu spät ist. Wir kennen das ja von uns selbst: Nehmen wir uns vor, dieses Jahr die Winterreifen rechtzeitig aufziehen zu lassen, die Winterschuhe parat und das Mobiltelefon immer geladen zu haben, können wir sicher sein, dass wir eines Nachts um halb drei bei einem halben Meter Schnee im Straßengraben stehen, die Salontreter an und keinen Saft mehr im Handy.

In hundert Jahren verschwanden tausend Nutztierrassen

Aber keine Angst, dieses Buch soll keine Endzeitstimmung verbreiten. Ganz im Gegenteil. Es enthält Geschichten von Menschen, die alles andere als verdrossen sind, ungewöhnliche Menschen, keine stromlinienförmigen. Sie fallen aus dem Rahmen, sind in ihrem direkten Umfeld auch mal unbequem, ecken an. Es sind Bauern, Handwerker, Geschäftsleute, Gastronomen, Querdenker, Vordenker. Manchmal, ja eigentlich fast immer, steckt ein Philosoph in ihnen, jedenfalls aber ein Visionär. Dafür wurden und werden viele von ihnen anfangs belächelt, gehänselt, beschimpft und, wenn's sein muss, sogar bekämpft, weil nicht sein kann, was nicht sein darf. Querköpfiger Dickschädel oder dickschädeliger Querkopf, Spinner, Durchgeknallter – Schimpfwörter wie diese hören solche Menschen zuhauf.

Da ist dann Kraft gefragt, Durchhaltevermögen. Geld spielt auch immer eine Rolle. Und Ideen braucht es. Und einen langen Atem, starke Nerven und gehörigen Rückhalt in der Familie und Unterstützung auch von außen, von Freiwilligen, Gleichgesinnten, Vereinen, Verbänden. Bis allerdings die Politik sich entscheidet mitzuhelfen, dauert es meist etwas länger. In diesem Fall muss ein Projekt meist schon eine gewisse Grundbewährung bewiesen haben, sonst rührt sich da wenig.

Alle Hauptakteure dieses Buches haben sich in jahrzehntelanger, harter Arbeit einer heimlich schleichenden und doch galoppierenden und überall grassierenden Seuche entgegengesetzt: dem Artensterben alter Nutzpflanzen und Nutztierrassen. Die Zahlen, die diesen Exodus belegen, sind erschütternd: Das vom Bund geförderte Internetportal »öko-fair« hat ermittelt, dass von den weltweit 6400 anerkannten Nutztierrassen allein im letzten Jahrhundert tausend ausgestorben sind, weitere zweitausend seien laut Ernährungs- und Landwirtschaftsorganisation der Vereinten Nationen (FAO) akut bedroht. Nicht weniger dramatisch die Zahlen bei den Nutzpflanzen: Die Welternährung, so das Portal, stütze sich im Wesentlichen auf gerade einmal zehn (10!) Kulturpflanzenarten. Und von den mehr als 30 000 essbaren Pflanzen nutze die Menschheit vor allem drei: Weizen, Reis und Mais.

Nach dem Motto »schneller, höher, weiter« findet auf dem Acker auch hierzulande seit Jahrzehnten ein Verdrängungswettbewerb statt, und auch in den Ställen wird wegen der Konzentration auf das Zuchtziel »Ertragssteigerung« das Erbmaterial systematisch gleichgeschaltet, obwohl die damit einhergehende genetische Verarmung gleichzeitig für eine höhere Krankheitsanfälligkeit sorgt. Der Staat trägt das Seine zum Artensterben bei: Rechtlich, so beklagt »öko-fair«, sei der Schutz landwirtschaftlicher Artenvielfalt gehemmt, weil auch die gesetzlichen Vorgaben eher auf Standardisierung und Ertragssteigerung abzielten. Das ist verheerend: Denn anders als in der Natur ist der Erhalt der Biodiversität in der Landwirtschaft in erster Linie vom Menschen abhängig. Oder anders gesagt: Was nicht auf den Teller des Verbrauchers kommt, macht sich vom Acker.

An dieser Stelle setzt auch »Slow Food International« mit seiner »Arche des Geschmacks« an. Slow Food ist nach eigenen Angaben eine Non-Profit-Organisation, eine weltweite Vereinigung von bewussten Genießern und mündigen Konsumenten, die es sich zur Aufgabe gemacht hat, die Kultur des Essens und Trinkens zu pflegen und lebendig zu halten. Die »Arche des Geschmacks« ist ein internationales Projekt zur Erhaltung der Biodiversität. Weltweit gibt es inzwischen rund tausend »Passagiere« auf dieser Arche, das sind vor allem Nutztiere und Nutzpflanzen, die – einmal wiederentdeckt – wegen ihrer hohen Qualität als Lebensmittel für den Verbraucher als besonders erhaltenswert eingeschätzt werden. In Deutschland genießen den Schutz und die Unterstützung bisher 29 »Passagiere«, davon elf in Baden-Württemberg (Stand 3. April 2011). Alle elf und drei ähnlich gelagerte Fälle sind in diesem Buch beschrieben. Aber nicht nur das: Ausgewählte Spitzenköche aus Baden-Württemberg haben uns ihre Küchen geöffnet, um beispielhaft zu zeigen, was sich aus diesen Produkten Delikates zaubern lässt. Soll heißen: Schützen und genießen gehen Hand in Hand.

Wenn es um »Arche-Passagiere« in Baden-Württemberg geht, kommt man an Prof. Dr. Roman Lenz von der Hochschule für Wirtschaft und Umwelt in Nürtingen nicht vorbei. Einerseits ist er Chef des Slow Food-Conviviums Stuttgart, andererseits als Hochschullehrer für Landschaftsarchitektur, Umwelt- und Stadtplanung auch von Berufs wegen immer wieder mit der Arche-Thematik befasst. Er ist ein profunder Kenner der Materie, ein Macher, Treiber, Beförderer, einer, der als gutes Beispiel vorangehen will, weil er es als eine gesellschaftliche Aufgabe begreift, die Vielseitigkeit in unserer Essenslandschaft zu erhalten.

Doch das ist leichter gesagt als getan: Der Trend, sagt Lenz, laufe nämlich geradewegs in die entgegengesetzte Richtung. Immer noch und fortgesetzt finde in der Landwirtschaft weltweit eine starke Einengung auf ganz wenige Sorten und Rassen statt. Der Grund dafür: Industrielle und rationelle Herstellung von Lebensmitteln einerseits und Vielseitigkeit andererseits sind ein Widerspruch in sich. In der industrialisierten Landwirtschaft soll jedes Produkt möglichst gleich groß, gleich rund und zum gleichen Zeitpunkt reif sein. »Ein großer Vorteil zwar für die Produzenten, die Ökologie bleibt dabei jedoch auf der Strecke«, sagt der Hochschulprofessor.

Der Einsatz für alte, scheinbar überholte Lebensmittel habe aber laut Lenz nicht nur eine ökologische Komponente. Auch für den Landwirt und den Verbraucher hat die Rückbesinnung auf die alten Nutztierrassen und Pflanzensorten Vorteile. Zum einen mache sich der Landwirt auf diese Weise nicht abhängig von einigen wenigen Saatgutherstellern, weil er notfalls die Samen auch selbst herstellen kann, wie das beim Spitzkraut oder der Höri-Bülle ohnehin der Fall ist. Zum anderen erschließe sich für den Verbraucher durch die höhere Sortenvielfalt ein Mehr an Geschmackserlebnissen, also an Genuss.

Dass der Verbraucher auf diesem Hintergrund auf Arche-Produkte sehr positiv reagiere, ist kein Wunder, sagt Roman Lenz. Denn Geschmack habe viel mit Verständnis für das Produkt und mit den Emotionen zu tun, die dieses Produkt beim Verbraucher auslöst. Das beste Beispiel: die Alb-Linse. Die jahrelange Suche nach ihr um die halbe Welt und ihre Wiederentdeckung in St. Petersburg ist eine der berührendsten Episoden der jüngsten Landwirtschaftsgeschichte dieses Landes, die förmlich Lust mache, das Produkt auch selbst zu probieren.

Und auch in der Politik reagiere man inzwischen auf diese Entwicklung, wie diverse Förderprogramme zu Gunsten der Agrodiversität zeigen, weiß Lenz. Doch er weiß auch, dass die Politik immer noch zu zaghaft und in nicht ausreichendem Maße reagiert. Das riesige ökologische und vor allem auch ökonomische Potenzial der Arche-Produkte für Landwirtschaft und Tourismus werde im Allgemeinen noch nicht erkannt. Noch herrsche die weit verbreitete Ansicht, dass es sich bei den Arche-Passagieren um Nischenprodukte handelt. Die Folge sei, dass vor allem die Forschung zu wenige Mittel aus staatlichen Töpfen erhalte.

Apropos Töpfe. Während der Entstehung dieses Buches wurde ich immer wieder gefragt, was für ein Buch ich denn schreiben würde, ob es ein Kochbuch sei, weil ich doch immer wieder von den tollen Rezepten rede? Dazu sei gesagt, in erster Linie ist es kein Kochbuch und trotzdem enthält es Rezepte. Denn passend zu den beschriebenen Lebensmitteln (mit Ausnahme des Weins) hat jeweils ein Spitzenkoch aus der Region *ein Rezept für 4 Personen* beigesteuert. Unter diesen Küchenkünstlern sind sieben, die mit einem Michelin-Stern ausgezeichnet sind.

Im Mittelpunkt dieses Buches stehen aber die fast vergessenen und jetzt wiederentdeckten landwirtschaftlichen Produkte und ihre (Kultur-)Geschichte: Wo kommt die Höri-Bülle, der Tauberschwarz, das Merinoschaf oder der Dinkel her, wie alt sind diese Pflanzensorten und Tierrassen, wer brachte sie nach Südwestdeutschland, wie wurden sie einst kultiviert, wie wurden sie verarbeitet, blieben die Lebensmittel im Land oder wurden sie gar exportiert, warum sind manche von ihnen fast verschwunden und wer hat sie vor dem Untergang gerettet? Vieles ist bekannt, noch mehr muss erforscht werden, weitere Arche-Passagiere werden im Lauf der Jahre hinzukommen. Roman Lenz wünscht sich für ganz Deutschland mindestens zehnmal mehr, als es heute schon gibt.

Saatgut muss für alle zugänglich bleiben. Hier der Samen der Höri-Bülle.

Und für all diejenigen, die nach der Lektüre der einzelnen Geschichten immer noch mehr wissen wollen, für die haben wir die wichtigsten Internetadressen zum jeweiligen Thema aufgeführt. Weiterlesen lohnt sich!

Auf keinen Fall versäumen möchte ich es, all jenen zu danken, die mich bei der Produktion dieses Buches tatkräftig unterstützt haben. Es sind sehr viele. Besonders erwähnt seien die Produzenten der einzelnen Lebensmittel und die Köche, die bereitwillig eines ihrer Rezepte verraten haben.

Bei allen habe ich eine Aufbruchstimmung feststellen können, vor allem bei Querdenkern und Sturköpfen. Nun soll dieses Buch auch seinen Teil dazu beitragen, dass wir nicht den Ast absägen, auf dem wir sitzen.

In diesem Sinne: Gute Unterhaltung, viel Spaß und guten Appetit!

Rolf Maurer

Alb-Dinkel

Die Luft flimmert, Zirpen, die Sonne sticht, ein kaum vernehmliches Prasseln im sanft wogenden Getreidefeld verrät: Der Alb-Dinkel ist reif und schön trocken. Der richtige Zeitpunkt für die Ernte. Aus dem Dorfpanorama Böhringens mit der markanten neogotischen St.-Gallus-Kirche löst sich der Umriss eines Mähdreschers. Kurs: mitten durchs Dinkelfeld.

Dinkel gehört seit Mitte der 1990er-Jahre wieder zum Landschaftsbild des Alb-Ortes Römerstein mit seinen drei Teilgemeinden. Davor sah's hier aus wie überall auf der Alb: Weizen und Gerste waren die landschaftsprägenden Getreidearten. Dinkel – den kannten nur noch die Alten.

Das Wissen um den Dinkel war verloren

Bis dieser Bäckermeister aus Bad Urach auftauchte: »BeckaBeck«. Der Name hat Klang weit über Gemeinde- und Kreisgrenzen hinaus. Ein Bär von einem Mann mit einem Durchsetzungswillen, der dem eines Eisbrechers gleicht. Was der sich in den Kopf gesetzt hat, sollte am besten vorgestern schon verwirklicht sein. Und dieser »BeckaBeck«, er hört auch auf den Namen Heiner Beck, hatte von so einem »Alten« vom Dinkel und seinen Vorzügen für die Bäckerei gehört. Es war kein Geringerer als sein Vater. Auch Bäckermeister. Geschichten gab es also genügend um den Dinkel, nur den Dinkel selbst gab es weit und breit nicht. In Hohenlohe und Franken schon, aber die brauchten ihn selbst. Für ihren Grünkern. Was also tun?

Die Bauern auf der Alb machten dem Bäcker aus der einstigen Residenzstadt Bad Urach schnell klar, weshalb es weit und breit keinen Dinkel mehr gab: ein Drittel weniger Ertrag gegenüber Weizen. Das ist schon ein Totschlagargument. Und mit mehr Düngemitteln ist hier nichts zu machen. Darauf spricht Dinkel nicht an. Der ist genügsam, nicht umsonst war das »Korn«, wie er auch bezeichnet wurde, jahrhundertelang die Frucht der Früchte auf der Alb. Seine weit verzweigten Wurzeln erschlossen sich die mageren und steinigen Böden. Mit wenig Wasser kamen die gut zurecht und mit zu viel auch. Hitze, Trockenheit – alles kein Problem.

Nur, vom Drauflegen kann keiner leben. Das weiß Beck nur zu gut, schließlich ist er Geschäftsmann, durch und durch. Hat auch wesentlich dazu beigetragen, dass die Menschen heute am Sonntagmorgen frische Brezeln und Brötchen auf dem Frühstückstisch haben. Seine Idee deshalb: Die Bauern bekommen einen finanziellen Ausgleich für den geringeren Ertrag und eine garantierte Abnahme, und die Kunden bezahlen für die Backwaren aus ökologischem Anbau einen entsprechenden Mehrpreis.

Der Plan ging auf. Inzwischen haben Beck und die genossenschaftlich gegründete Erzeugergemeinschaft »Schwäbischer Alb-Dinkel« eher das Problem, an weitere Anbauflächen zu kommen. Denn eine andere Idee, auf der Alb Geld zu verdienen – Maisanbau für die Strom produzierenden Biogasanlagen –, bindet ungeheure Mengen landwirtschaftlicher Fläche. Die Zeiten, als die EU für brachgelegte Äcker Ausgleichszahlungen leistete, um Überproduktionen zu drosseln, haben sich also grundlegend geändert.

Äcke

Dinkel – anspruchslos und allen Wettern trotzend

Mit mächtigem Hunger zieht der Mähdrescher Bahn um Bahn. Anhalten, um den Kornspeicher in bereitstehende Wagen mit Hochbordwand zu entleeren: Fehlanzeige. Zeit ist Geld. Während vorne das Schneidwerk die Ähren abrasiert und der Dreschtrommel zuführt, wird über einen Seitenarm der Korntank mit seinen bis zu zehntausend Litern Körner auf einen parallel fahrenden Traktor mit zwei Anhängern umgeladen. Bei ganz modernen Mähdreschern, die mit einer GPS-Satelliten-Ortungstechnik ausgestattet sind, kann noch auf dem Feld eine Ertragskarte erstellt werden. Die gemäßigte Stickstoffdüngung kann so im nächsten Jahr zielgenau auf den Acker gebracht werden. Kein Vergleich zu früher, als noch mit der Sense oder mit Kuhgespann und Mähbinder geerntet wurde.

Heiner Beck ist auf den Acker gekommen, Qualität und Geschmack prüfen. Zwischen den Fingernägeln knackt er Spelz und Korn auf, reibt den Mehlkörper zwischen den Fingern. Das nächste Körnchen wandert in den Mund, er kaut, schmeckt, macht ein zufriedenes Gesicht. Das war nicht immer so. Die Bauern mussten erst wieder lernen, mit dem Dinkel umzugehen. Die früher tradierten Erfahrungswerte, die vom Vater auf den Sohn übergingen, fehlten, oder waren durch die fortgeschrittene Technik nicht mehr eins zu eins übertragbar.

Gesät wird jedenfalls heute im späten Herbst. Je später, desto besser. Der Vorteil liegt auf der Hand. Weniger Licht und Temperaturen wenige Grad über Null nehmen auch dem Unkraut jede Lust zu keimen. Im

Backprodukte aus Dinkel: Schon Hildegard von Bingen war voll des Lobes.

Jahr vor dem Dinkelanbau stehen Kulturen wie Klee, Raps, Erbsen oder Mais. Diese Kulturen übertragen kaum Getreidekrankheiten und werden daher Gesundungsfrüchte genannt.

Im nächsten Jahr wird den überhandnehmenden Ackerkräutern mit dem sogenannten Striegel zu Leibe gerückt. Metallzinken über eine Breite von rund zehn Metern reißen alles, was nicht Dinkel heißt, aus der Erde. Die stark verzweigt wurzelnde Dinkelpflanze wird nicht oder nur schwach in Mitleidenschaft gezogen. Die gesunde Pflanze wird dadurch noch fester und widerstandsfähiger. Zusätzlich wird der verkrustete, wachstumshemmende Boden aufgerissen und wieder wasseraufnahmefähig gemacht.

Der Dinkel hat Spuren in alten Ortsnamen hinterlassen

Ein weiterer Trick, ohne Spritzgifte auszukommen, ist der im Sommer wunderschön blühende Ackerrandstreifen mit Sonnenblumen, Buchweizen, Borretsch und anderen blühenden Pflanzen. Diese beherbergen nützliche Käfer, Fliegen und Würmer, die sich über die Schädlinge am Dinkel hermachen, als da wären: das Getreidehähnchen, Drahtwürmer oder Getreideblattlaus.

Der Mähdrescher hat sich gerade mal wieder tonnenweise Dinkelkörner aus dem Hals geblasen. Die beiden Anhänger sind voll, der Traktor gibt Gas und fährt zur genossenschaftlichen Mühle in Böhringen. Da stehen die Gespanne Schlange. Denn bei diesem Kaiserwetter wollen alle ihre Schäfchen oder, besser gesagt, ihre Dinkelkörner ins Trockene bringen. Doch bevor die Wagenladungen im Silo verschwinden, wird erst mal die Qualität geprüft. Der Müller sticht mit einem Prüfrohr durch die ganze Ladung bis nach unten, hat somit einen Querschnitt durch alle Schichten. Der alte Trick, unten die schlechten Körner zu laden und sie mit guter Ware zu bedecken, zieht hier also nicht.

Doch ganz abgesehen von der hier angelieferten Qualität: Dinkel ist nicht gleich Dinkel. Wenn heutzutage vom sogenannten Urdinkel gesprochen wird, ist der mit dem ältesten bekannten Dinkel, den die Archäologen zwischen Transkaukasien und dem iranischen Bergland gefunden haben – er soll etwa 7000 Jahre alt sein – genetisch nicht mehr identisch. Doch beginnen wir mit der Geschichte von vorne.

Archäologische Funde beweisen offenbar Dinkelvorkommen schon in der Jungsteinzeit und Bronzezeit (etwa 4000 bis 1000 v. Chr.) im Nahen Osten. Die erste schriftliche Erwähnung ist in der Bibel zu finden. Beispielsweise in 2. Mose 9, 32 ist je nach Übersetzung von Spelt (also Dinkel) oder Korn die Rede, ebenso bei Jesaja 28, 25 und bei Hesekiel 4, 9, wo es heißt: »Nimm dir aber Weizen, Gerste, Bohnen, Linsen, Hirse und Spelt und tu alles in ein Gefäß.« Also auch die Linsen, um die es in diesem Buch geht, sind damals schon bestens bekannt. Demzufolge muss Jesus mit seinen Jüngern schon an Dinkel- und Linsenäckern vorbeigekommen sein. Doch bis der Dinkel im Süddeutschen, in Vorarlberg und in der Nordschweiz heimisch wurde, zogen nach Christi Geburt nochmals drei- bis fünfhundert Jahre ins Land. Ganz einig ist sich die Wissenschaft da noch nicht. Jedenfalls muss das Korn schon eine große Bedeutung gehabt haben, wurden schließlich Orte wie Dinkelsbühl, Dinkelhausen oder Dinkelscherben danach benannt.

Im 12. Jahrhundert zeigte sich eine berühmte Geistliche sehr angetan vom Dinkel und seinem hohen gesundheitlichen Nutzen für den Menschen. Sie befand: »Der Dinkel ist das beste Getreide, es ist warm, nährend und kräftig, es macht frohen Sinn und Freude im Gemüt.« Es war keine Geringere als die Gesundheitspäpstin ihrer Zeit: die heute wieder viel gepriesene Hildegard von Bingen.

Noch im 19. Jahrhundert ist der Dinkel mit Abstand das wichtigste Brotgetreide in Süddeutschland, Weizen spielt dagegen eine absolut untergeordnete Rolle. Ein statistischer Vergleich in Württemberg zeigt dann den deutlichen Wandel im 20. Jahrhundert: Um 1900 wurde Dinkel auf rund 170 000 Hektar und Weizen nur auf etwas mehr als 30 000 Hektar angebaut. Im Jahr 2000 verblieb dem Dinkel nur noch eine Fläche von 8000 Hektar, Weizen dagegen über 230 000 Hektar.

Das wichtigste Brotgetreide im 19. Jahrhundert

Die Gründe für diesen Wandel sind in der Modernisierung der Landwirtschaft zu suchen. Vorneweg genannt sei die Erfindung des synthetischen Stickstoffdüngers, des sogenannten Kunstdüngers, durch Haber und Bosch zwischen 1905 und 1908. Weiter gab es erfolgreiche züchterische Bemühungen beim Weizen mit höheren Ertragsleistungen. Zudem ist zu nennen die aufwändigere Verarbeitung des Dinkels. Sein Spelz muss in einem separaten Arbeitsgang entfernt werden. Schließlich spielte auch die angespannte Ernährungssituation während der beiden Weltkriege eine Rolle, so dass der ertragreichere Weizen vermehrt angebaut wurde. Die Landwirte sollen im Zweiten Weltkrieg sogar aufgefordert worden sein, den Dinkelanbau im Interesse der Sicherung der Volksernährung gänzlich einzustellen.

Doch zurück zum Ausgangspunkt, weshalb Dinkel nicht gleich Dinkel ist. Theodor Roemer, Pfarrerssohn aus dem heutigen Tübinger Ortsteil Pfrondorf, brachte 1914 eine interessante Veröffentlichung heraus. In »Mendelismus und Bastardzüchtung der landwirtschaftlichen Kulturpflanze« dokumentiert Roemer, dass zu Beginn des 20. Jahrhunderts praktisch alle vorhandenen Dinkelsorten mit Weizen verkreuzt wurden, um höhere Erträge zu erzielen.

Mit der Renaissance des Dinkels gegen Ende des 20. Jahrhunderts versuchten die Pflanzenzüchter, wieder möglichst reine Dinkelsorten zu züchten, die möglichst frei von Weizenanteilen sind. Die derzeit reinste Rückkreuzung gelang 1995 Dr. Peter Franck aus Schwäbisch Hall mit dem sogenannten »Franckenkorn«. Und genau dieses Franckenkorn bauen die Vertragsbauern der Erzeugergemeinschaft »Schwäbischer Alb-Dinkel« aus Römerstein an. Dazu haben sie sich vertraglich verpflichtet.

Jetzt kommt wieder der Bäcker ins Spiel. Und der will Mehl mit dem geringstmöglichen Gluten-Anteil haben, damit auch Allergiker mit Liebe in ihr Brötchen oder ihre Brezel beißen können. Deswegen fragen die Spezialisten am besten beim Bäcker zuerst nach der Dinkelsorte, denn wie gesagt, Dinkel ist nicht gleich Dinkel. Klingt alles verwirrend, aber Allergiker werden auf diesem Weg den Bäcker ihres Vertrauens finden.

Inzwischen hat der Müller in der Böhringer-Mühle seine Proben abgeschlossen. Schlag auf, Hydraulik an, die Pritsche neigt sich nach oben, der eben geerntete Dinkel schießt vom Wagen in den Mühlenbunker. Hätte die Qualität nicht gestimmt, hätte der Bauer sein Korn als Futtergetreide wieder abfahren können und dafür einen entsprechend niedrigeren Preis erhalten.

Die Mehlsilos bei Heiner Beck, der BeckaBeck-Bäckerei, schon seit längerem aus Platzgründen von Urach nach Römerstein auf die Alb umgesiedelt, sind voll. Seine Bäcker setzen Teige an, die sie erst in zwei bis drei Tagen brauchen. Denn eins mussten alle Dinkel verarbeitenden Betriebe wieder lernen: Dinkelteige brauchen Zeit, viel Zeit. Eine Teigführung bis zu drei Tagen ist deshalb keine Seltenheit. Auch die Geschmacksaromen brauchen Zeit, den Teig zu durchdringen. Das Mehl braucht Zeit zum Quellen. Nur so bekommen die Gebäcke Geschmack und langanhaltende Frische, weiß Heiner Beck aus Erfahrung. Und um noch ein Übriges zu tun: Angekeimte Dinkelkörner bringen noch zusätzlich wichtige B-Vitamine und En-

Dinkel prägte über Jahrhunderte das Landschaftsbild der Alb.

zyme in den Teig. Das aber setzt wiederum eine schonende Behandlung in der Mühle voraus, denn wenn der Keimling im Korn beschädigt wird, keimt auch nichts mehr. Dinkel muss also schon in einer gewissen Weise gehätschelt werden. Aber das, was ihm einst das Genick gebrochen hat, beschert den Dinkelbauern eine Nische und gleichzeitig ein Alleinstellungsmerkmal, das Gebot der Stunde. Auf diese Weise kann der Dinkel, das Korn der Schwaben und Alemannen, seine alte Heimat wieder zurückerobern.

Und die Produktpalette ist inzwischen gigantisch groß. Dinkelbrote in allen Variationen, Brötchen, Brezeln, Dinkelseelen, Zöpfe, Schnecken, um nur einige zu nennen. Darüber hinaus gibt es inzwischen Dinkelbiere und Dinkelwhisky. Und aus dem Spelz, der einst vor Schädlingen und sogar vor Radioaktivität aus dem ukrainischen Tschernobyl schützte, werden Spelzkissen in den wildesten Designs produziert. Man muss nur Ideen haben.

Übrigens: Die Rückbesinnung fand nicht nur beim Dinkel statt. Heiner Beck und seine Alb-Dinkel-Truppe waren auch im Bereich Weizen aktiv. Zusammen mit dem Kreislandwirtschaftsamt Münsingen wurden über vier Jahre zwanzig alte Weizensorten getestet. Zwei bestanden die Tests. Sie kamen sowohl mit den harten

Die Mahlstühle der Böhringer Mühle

Anbaubedingungen der »steinreichen Alb« zurecht und erfüllten die Anforderungen in der Backstube. Die Sorten »Karneol« und »Hermes« warten laut Fachleuten wie Dr. Klaus Münzing, Wissenschaftlicher Direktor des Bundesforschungsinstituts für Ernährung und Lebensmittel, mit einem ausgesprochen hervorragenden Aroma auf. Außerdem beinhalte dieser Weizen ein höheres Redoxpotenzial als andere derzeit übliche Weizensorten, könnte also mehr freie Radikale im Körper abfischen. Man darf gespannt sein, welche alten Getreidearten noch aktiviert werden. Es könnte vielleicht der Waldstrauchroggen sein, eine interessante mehrjährige Pflanze, die momentan gerne zur Wildfütterung und zur Bepflanzung von Straßenböschungen hergenommen wird.

Wichtige Internetadressen

www.beckabeck.de
www.berghof-rabel.de
www.erlebnispfadboehringen.de
www.plenum-rt.de
www.waldhorn-bebenhausen.de

Karpfen auf Alb-Dinkel/Weizen
mit konfiertem Schweinebauch und Marktgemüse der Saison

Für den Karpfen:
- *1* Karpfen, ca. 1 kg
- *1* Zitrone
- *20 g* Butter
- Mehl

Für den Schweinebauch:
- *300 g* roher Schweinebauch vom Schwäbisch-Hällischen Schwein
- *20 ml* Olivenöl
- *1 EL* Puderzucker
- *1 EL* Honig
- *1–2* Knoblauchzehen
- *1* Schalotte
- *3 EL* Balsamico
- *300 ml* Geflügelbrühe
- *1* Messerspitze Kümmel
- *1* Zweig Rosmarin
- *5* Zweige Thymian (1 für Soße, 4 als Deko auf dem Schweinebauch)

Für den Alb-Dinkel:
- *125 g* Alb-Dinkel
- *100 ml* Gemüsebrühe
- *40 g* Butter
- Petersilie (Menge nach Belieben)

Für das Gemüse:
- Marktgemüse nach Saison
- *40 g* Butter
- *1 EL* Zucker

Für die Fischsoße:
- *400 ml* Fischfond
- *100 ml* Weißwein
- *50 ml* Noilly Prat (franz. Weißwein-Wermut)
- *200 ml* Sahne
- *1* Lorbeerblatt
- *10* Pfefferkörner
- *½ TL* Koriandersaat
- *1* (Schäler-)Streifen unbehandelte Zitronenschale (Zitronen-Zesten)
- *1* (Schäler-)Streifen unbehandelte Orangenschale (Orangen-Zesten)
- *1–2 TL* Speisestärke
- evtl. ein Schuss kalte Milch

Salz, Pfeffer, Öl

Felix Braunwald

Dort, wo Schlösser und Klöster stehen, ist eine Fülle von Wohlgeschmack selten weit. Man weiß zu speisen, zu genießen. Nicht anders wird es im Kloster und Schloss Bebenhausen bei Tübingen gewesen sein. Sicher: In den über 800 Jahren des Bestehens hat es nicht nur gebratene Tauben vom Himmel geregnet. Aber dieses Gericht hat es so oder so ähnlich sicher schon vor hunderten von Jahren gegeben. Die Karpfen schwammen im klostereigenen Teich vor der Haustür herum, Dinkel und Weizen gab's auch, Gemüse und Schweine ebenso.

Einen Steinwurf von der Bebenhauser Klostermauer entfernt gibt es sie heute noch, die Fülle des Wohlgeschmacks. Im Ein-Sterne-Restaurant »Waldhorn«. Dafür verantwortlich, ein sehr junger und dynamischer Chefkoch:

Felix Braunwald, noch keine dreißig Jahre alt. Sein schärfstes Messer bahnt sich Schnitt neben Schnitt den Weg durch die Schwarte des Schweinebauchs eines »Mohrenköpfle«, eines Schwäbisch-Hällischen Landschweins. Hurtig dann das Zerlegen, in zwei mal zwei Zentimeter große Stücke. Salz, Pfeffer von allen Seiten, mit der Schwarte nach oben wandern alle in ein feuerfestes Gefäß, ein paar Tropfen Olivenöl drüber und ab in den mit 130 Grad vorgeheizten Backofen, für anderthalb Stunden. Sterneküche? Nein, das wäre zu kurz gesprungen, das war nur der erste Schritt.

Braunwald verfrachtet einen Esslöffel Puderzucker zusammen mit einem Esslöffel Honig in ein Töpfchen. »Karamellisieren, bis die Masse Blasen wirft«, erklärt der Chef. Ein bis zwei geschälte Knoblauchzehen dazu, vorher kurz mit der Breitseite des Messers anquetschen. Eine klein gewürfelte Schalotte wandert hinterher. Zisch. Drei ablöschende Esslöffel Balsamico verbreiten ihren typischen Duft. Kurz einkochen lassen. Alles geht zackzack. 300 ml Geflügelbrühe drüber, es darf auch heller Fleischfond sein, dann ist erst mal Ruhe im Kessel. Noch eine Messerspitze Kümmel dazu, ein Zweig Rosmarin, ein Zweig Thymian. Alles zusammen nochmals kurz aufkochen lassen und zur Seite stellen.

Was jetzt kommt, ist wenig spektakulär. Vordergründig zumindest. Ein Töpfchen voller Getreidekörner, über Nacht in kaltem Wasser eingeweicht. Erregungsfaktor: gleich null. Aber eben nur für den Nichteingeweihten. »Der Öko-Weizen Münsingen erreicht in den Attributen süßlich, nussig und herb das Niveau von Dinkel. Das ist bisher einmalig!« Wer das sagt, ist kein Geringerer als Dr. Klaus Münzing, Wissenschaftlicher Direktor des Bundesforschungsinstitutes für Ernährung und Lebensmittel in Detmold. Die Rede ist von beiden Ur-Weizensorten, die mit den harten Anbaubedingungen der »steinreichen Alb« zurechtkommen. Zuchtarbeit mit alten Sorten statt Gentechnik heißt die Devise. Das Gleiche funktioniert natürlich auch mit dem Alb-Dinkel. Wählbar ganz nach Lust und Laune.

Sternekoch Felix (der vom Glück Begünstigte) Braunwald erkennt die Vorteile dieses Getreides und kredenzt es seinen Gästen. Die Anweisung des Chefkochs: Pro 100 g Alb-Weizen (eine Weichweizensorte im Gegensatz zu Hartweizen) oder Alb-Dinkel 200 bis 300 ml kaltes Wasser aufgießen und acht bis zehn Stunden einweichen. Das verringert nachher die Kochzeit. So bleiben Vitamine und Mineralien besser erhalten. Danach im Einweichwasser 45 bis 60 Minuten auf kleiner Flamme köcheln lassen. Wasser abgießen und 100 ml heiße Gemüsebrühe dazugeben. Mit Deckel ein halbe Stunde nachquellen lassen.

Wenn der Schweinebauch seine anderthalb Stunden bei 130 Grad »abgesessen« hat, ausgelaufenes Fett abgießen und Gefäß mit der Sauce für den Schweinebauch anfüllen bis zur halben Höhe der Fleischstücke. Die Schwarte muss oben bleiben, damit sie schön knusprig bleibt. Speckgefäß mit der Sauce nochmals eine halbe Stunde in den Ofen. Zeit genug für die Aromen der Sauce, am Speckfüßchen anzudocken.

Zeit, Ihr Marktgemüse zu putzen, zu blanchieren, mit Eiswasser oder wenigstens mit kaltem Wasser abzuspülen (der schönen Farbe wegen).

Wenn der Alb-Weizen oder Alb-Dinkel fertig gegart und schön gequollen ist, 40 g Butter einrühren und mit Salz und Pfeffer abschmecken und gehackte Petersilie darübergeben. »Die Konsistenz muss schön schlotzig sein«, mahnt der Küchenchef. Wenn nötig, mit Brühe und Butter regulieren. Vorsicht! Nicht kochen, nur warmhalten.

Nicht vergessen, die Fischsoße. Weißwein und Noilly Prat in einen Topf geben und auf ein Drittel reduzieren. Durch die Hitze verliert sich laut Braunwald die Säure, damit die Sahne nachher nicht flockt. Fischfond dazu und jetzt auf die Hälfte reduzieren. Gewürze beimengen, die Pfefferkörner leicht angestoßen, Lorbeerblatt und Koriandersaat zugeben. Sahne rein, einmal kurz aufkochen. Jetzt die Zitronen- und Orangenschalenstreifen dazu und mit Salz abschmecken. Die Soße mit ein bis zwei Teelöffeln Speisestärke, die in kaltem Wasser angerührt ist, abbinden. Dann durch

ein Sieb passieren. Fertig. Oder auch nicht. Wer sie als Schaum dazugeben will, gibt nach dem Passieren einen Schuss kalte Milch ins Töpfchen, mit dem Stabmixer aufmischen. Schon steht der Schaum.

Was fehlt noch? Genau, der Karpfen. Der geht am schnellsten. Am besten gleich beim Fischhändler schuppen und filetieren lassen. Ein Tipp vom Chefkoch: Gräten erst rausnehmen, wenn er gebraten ist. Im Rohzustand wollen sie ihren angestammten Platz nur ungern verlassen. Und noch ein Tipp: Drauf achten, dass der Bauchlappen großzügig weggeschnitten ist, denn der ist sehr fett. Jetzt beidseitig salzen und die Hautseite mehlieren. Ein bisschen Öl, und den Karpfen mit der Hautseite in die kalte Pfanne geben. Langsam erhitzen und von oben leicht andrücken, dann wellt er sich nicht. Durch das langsame Erhitzen hat das Fett zwischen Haut und Fleisch die Möglichkeit rauszulaufen. Wenn's brutzelt, noch eine Minute braten, Zitrone drauftträufeln und gleich wenden, ein kleines Stück Butter dazu und auf kleiner Hitze noch eine Minute garziehen lassen.

Das Marktgemüse ist inzwischen mit einer Prise Zucker und etwas Butter glasiert. Es kann angerichtet werden. *Guten Appetit!*

Alb-Merino

Die Zeit macht wieder einmal das, was sie am liebsten macht: Sie vergeht. Andere würden in diesem Augenblick sagen, sie steht. Keine Autos, keine Lastwagen, keine Maschinengeräusche. Nichts. Ein paar Wacholderdrosseln fliegen von einem Heckenstreifen zum andern. Und Schwalben tanzen über den rund 1400 Schafen umher, die ebenfalls das tun, was sie am liebsten machen: fressen. Aber nicht den zweihundertfünfzigtausendsten Löwenzahn oder Gemeinen Hahnenfuß. Nein, die Merinolandschafe von Schäfer Gerhard Stotz aus Münsingen auf der Schwäbischen Alb sind wahre Feinschmecker. Man braucht aber nicht Schaf zu sein, um zu bemerken, welch würziges Weideland dieses Stück Alb ist. Der Wind verrät es, was hier auf der ehemaligen Gemarkung Gruorn, mitten im einstigen Truppenübungsplatz Münsingen und heute im UNESCO-geadelten Biosphärengebiet, auf der Speisekarte steht. Der leichte Nordwestwind malt nicht nur mit schnellem Wolkenpinselstrich am blauen Himmel, nein, er spielt auch die Duftorgel sehr virtuos. Gegeben wird eine positiv stimulierende Komposition aus wildem Thymian, obertonüberlagert von violett blühendem Dost, ein Hauch von Schafgarbe dazwischen, als sei er von einer elfengleich mit zarten Fingern gestreichelten Harfe intoniert. Ein opulentes Dufterlebnis, wie ich es nur aus meiner Kindheit kenne und aus dem heimischen Kräutergarten. Wie ein Süchtiger stelle ich die Nasenflügel weit geöffnet genau gegen den Wind. Eeeeeiiiiiinatmen, eeeeeiiiiiinatmen und nochmal eeeeeiiiiiinatmen. Das Duftgedächtnis mal wieder ordentlich befriedigen, wer weiß, wann so ein Erlebnis wiederkommt.

Die Landschafe sind echte Feinschmecker

Und wenn diese Aromen nicht nur über die Nase aufgenommen, sondern buchstäblich einverleibt werden – welch unvergleichliche Fleischqualität muss dabei rauskommen? Die Spitzengastronomie hat längst Wind davon bekommen, welch wohlschmeckendes Lammfleisch auf diesen kalkigen Magerwiesen heranwächst. Und das nicht nur zu Ostern, wie das früher einmal war. Gerhard Stotz hat seinen Betrieb so umgestellt, dass er das ganze Jahr über Lammfleisch in gleichbleibender Qualität liefern kann. Zum einen ist dies möglich, weil er keine hundertprozentige Wanderschäferei mehr betreibt, sondern teilweise auf seinem Hof sesshaft wurde. Zum anderen wird das »asaisonale Wunschverhalten« der Tiere ausgenutzt, soll heißen, weil die Schafe das ganze Jahr über brünstig werden können, liegt die Steuerung der Fleischproduktion ganz beim Schäfer.

Diese recht aufwändigen Steuerungsprozesse waren früher weder notwendig noch bekannt. Denn das Hauptaugenmerk galt einstens mal der Wolle, die übrigens nachweislich schon 3000 v. Chr. als nachwachsender Rohstoff Verwendung fand. An der weltweiten Schafwoll-Produktion von jährlich 2,2 Millionen Tonnen (Angaben der Vereinten Nationen von 2009) hat Deutschland unter den etwa hundert produzie-

renden Ländern allerdings mit den geringsten Anteil: gerade mal 8000 Tonnen. Die deutsche Wolle hat auf dem Weltmarkt einen schweren Stand. Preislich und qualitativ könnten die hiesigen Schäfer nur schwer gegen die erdrückende Konkurrenz aus Neuseeland ankämpfen, heißt es. Da mutet eine Aussage eines elsässischen Wollhändlers komisch an, der angeblich württembergische Merino-Landschafwolle nach Neuseeland exportiert, damit die ihre Wolle damit verbessern können. Offensichtlich ist da auch nicht alles Gold, was glänzt.

Dabei hatten die Neuseeländer ebenso wie die Schotten und die Württemberger – und sicher noch viele andere Staaten auch – vor etwas mehr als zweihundert Jahren alle das gleiche Problem. Die Wolle wurde in allen Ländern als zu schlecht befunden. Vor allem die kurzen, stacheligen Grannenhaare wurden in der jeweiligen Wolle als besonders störend angesehen. Des Schafes Kleid eignete sich deshalb nur für grobe Stoffe. Weil aber die Kundschaft, vornehmlich natürlich die reicheren Leute, mehr und mehr auf Qualität achtete, musste man sich was einfallen lassen.

Neuer Versuch: Herstellung von Kleidungsstücken aus feiner Alb-Merino-Wolle

Schließlich wurden vom Ausland feine und auch bunte Stoffe angeboten.

In Württemberg hatte der vielseitig interessierte und gebildete Herzog Carl Eugen, der sich unter dem Einfluss seiner zweiten Ehefrau Franziska ja mehr und mehr vom verschwenderischen Herrscher zum fürsorglichen Landesvater entwickelte, sich persönlich dieses Problems angenommen. Es dürfte ihm vermutlich nicht entgangen sein, dass die Sachsen bereits 1765 reinrassige und feinwollige Merinos aus Spanien einführten, um ihre Schafzucht zu verbessern. Vielleicht ließ auch ein Artikel des Buchhändlers und Aufklärers Friedrich Nicolai in seinen »Nachrichten vom Nahrungszustande in Wirtemberg« 1782 in ihm den Gedanken zur Verbesserung seiner Zucht reifen. Da stand: »Die Wirtembergische Schaafzucht ist einer der beträchtlichsten Nahrungszweige des Landes [...]. Durch den Verkauf der Schafe an Ausländer wird jährlich [...] 350 000 fl. Geld ins Land gezogen [...]. Schade, dass man die Kosten spart, um spanische Widder kommen zu lassen, um dadurch nach den Beyspielen von England, Sachsen und Schweden, die Wolle mehr zu verfeinern, und dadurch den erstaunlichen Nutzen der Schafzucht noch mehr zu erhöhen, da das hiesige Klima und die natürliche Beschaffenheit des Landes dieser Absicht weit günstiger, als Sachsen und Schweden wäre und übrigens die Anstalten der Regierung zum Besten der Schafzucht gewiß vortrefflich und nachahmungswürdig sind.«

Doch so einfach man sich heutzutage eine solche Aktion auch vorstellen mag, damals war sie es jedenfalls nicht. Von der Anordnung des Herzogs im Jahre 1783, eine »Schafzucht-Verbesserungs-Deputation« zu etablieren, wie in den Akten des Hauptstaatsarchivs Stuttgart zu lesen ist, bis zum Vollzug sollten noch ganze drei Jahre vergehen. Denn eigentlich war es in Spanien unter Androhung der Todesstrafe verboten, Merinoschafe außer Landes zu schaffen. Ja, und das Geld spielte auch noch eine Rolle. Aus seiner Privatschatulle wollte der Herzog wohl nichts rausrücken, die um Geld angegangene Kirche schüttelte den Kopf.

Ein Paradies für Schafe: der einstige Truppenübungsplatz Münsingen

Wohlduftender Thymian – ein Leckerbissen für die Alb-Merinos

Schließlich bewilligte die »Landschaft«, in etwa vergleichbar mit dem heutigen Landtag, 12 000 Gulden.

Verschiedenste diplomatische Anläufe waren notwendig, um von Karl III., dem damaligen König von Spanien, die Genehmigung zur Ausfuhr zu bekommen, und es war als »eine besondere Gefälligkeit anzusehen, die allein der speciellen Achtung Sr. Majestät für höchste Person Sr. Herzogl. Durchlaucht zuzuschreiben war«. Im Gegenzug und aus Dankbarkeit sollten dem König von Spanien weiße Hirsche offeriert werden.

Schlachtung nur direkt am Hof

Aber die Transaktion sollte mit der nötigen Nachhaltigkeit, wie man heute wohl sagen würde, vorgenommen werden. Deshalb wurden zwei Schäfer auserkoren, die sich erst einmal das notwendige Wissen über die sogenannten »Wunderschafe« aus Spanien aneignen sollten. Lehrmeister sollte ein gewisser L. J. M. Daubenton in Montbard in der Bourgogne in Frankreich sein. Er unterhielt dort eine Schäferei und eine Schule. Sein Credo: Mit Wissen, Können und Sorgfalt kann die Zucht feinwolliger Schafe überall gelingen. Und so schickte die württembergische Regierung 1785 Joseph Clapier, einen Waldenser aus Großvillars bei Maulbronn und Georg Friedrich Gallus aus Lienzingen bei Mühlacker in die Schäferschule nach Frankreich.

Alles sollten sie über die Merinos in Erfahrung bringen, welche Vorlieben sie beim Fressen haben, wann sie zur Tränke kommen, welche Salzgabe sie brauchen, bevorzugen sie Schatten, dürfen sie auf die Waldweide, wie sieht's mit Krankheiten aus und so weiter und so fort. Nichts sollte bei dieser großen Investition dem Zufall überlassen bleiben. Das Geld sollte eine gute Anlage sein.

Um es vorwegzunehmen, sie war es. Bis auf den heutigen Tag sind die Merino-Landschafe die am meisten gehaltenen in Deutschland. Die Merinos wurden lange Zeit als »Württemberger Schaf« auch exportiert. Der lange und beschwerliche Fußmarsch mit 104 spanischen und französischen Merinos vom spanischen Hochland entlang der Pyrenäen bis nach Münsingen auf der Alb hat sich also gelohnt. Dort, wo Schäfer Stotz heute mit seinen Alb-Merinos unterwegs ist, und auch in Justingen, wurde die Importware aus Spanien vor über zweihundert Jahren gehalten. Ein mit der Stammaufzucht beauftragter Musterbetrieb wurde in Hohenheim, am Wohnsitz des Herzogs, eingerichtet.

Wenn Gerhard Stotz und seine Schäferinnen und Schäfer mit Tausenden von Schafen noch heute durch das neu gekürte »Biosphärengebiet Schwäbische Alb« ziehen, ist das keine Selbstverständlichkeit. Denn die Wollqualität, die Herzog Carl Eugen einst zu verbessern trachtete, war Ende des 20. Jahrhunderts plötzlich gar nicht mehr gefragt. Weder die Qualität noch die Wolle an sich. »Wir müssen schon froh sein, wenn wir beim Scheren eines Schafes nicht noch drauflegen«, erklärt Stotz. Mehr als fünfzig Cent würden jedenfalls pro Schaf nicht übrig bleiben. »Früher waren es wenigstens fünf Mark.« Womit wir wieder am Ausgangspunkt wären: Wenn die Wolle nicht mehr verkäuflich ist, weil die Industrie auf billigere und/oder künstlich hergestellte Produkte umsteigt, bleibt eigentlich nur noch das Fleisch, sagten sich Gerhard Stotz und seine Frau Bärbel vor inzwischen über fünfzehn Jahren. Sie begannen, eine Direktvermarktung aufzubauen. Schlachtung direkt am Hof, um den Tieren jeglichen Transport zu ersparen. Das macht sich gleich mal in der Fleischqualität bemerkbar, sagt der Fachmann, denn ohne

Die Herde von Gerhard Stotz auf der einstigen Gemarkung Gruorn im ehemaligen Truppenübungsplatz Münsingen

Stresshormone in der Muskulatur ist das Schlachtfleisch nachher offensichtlich wesentlich besser.

Für einen Apfel und ein Ei war das natürlich nicht zu haben. Das Schlachthaus musste den EU-Richtlinien angepasst werden, ein Kühltransporter musste her. Vorschriften über Vorschriften gab es zu beachten. Aber der Markt sprang drauf an. Das ganzjährige und vor allem zuverlässig kalkulierbare Angebot an Lammfleisch für die Gastronomie, besonders die Spitzengastronomie, schlug bombenmäßig ein, wie Stotz bestätigt. »Ich hätte nie gedacht, dass diese Verkaufszahlen hier von der Schwäbischen Alb aus zu machen sind. Wir liefern inzwischen bis zum Bodensee, rüber nach Baiersbronn zur Drei-Sterne-Gastronomie und runter bis Stuttgart. Umsatzsteigerungen von zwanzig Prozent pro Jahr durchaus realistisch.« Das bedeutet im Klartext: Die Rechnung der Familie Stotz ist aufgegangen. »Momentan sind wir bei hundert Prozent Selbstvermarktung«, freut sich die Schäferfamilie. Sie können, ja, sie müssen, inzwischen schon andere Schäfer mit ins Boot holen, die nach ihren Richtlinien produzieren.

Nun richten die Stotzens ihr Augenmerk aber doch nochmal auf die Wolle. Wenn die keiner haben will, machen wir eben selbst was draus, so der Gedanke der Schäfersfrau Bärbel. Und wie es so ist, gute Ideen sind manchmal auf Zufälle angewiesen. Die Familie Stotz traf mit der Familie Veronika und Volker Kraiser aus dem benachbarten St. Johann-Gächingen zusammen, seit 1995 Hersteller von Oberbekleidung aus Naturfasern. Der Deckel zum Topf war gefunden. In einer Art »Joint Venture« machen die beiden Familien jetzt gemeinsame Sache. Die Stotzens schaffen die Wolle bei und die Kraisers machen was draus. Superidee.

Doch ein Renaissance-Projekt dieser Größenordnung hätte schon in den Geburtswehen scheitern können. Trotz aller Euphorie konnten die Familien nämlich nicht übersehen: Die einst blühende Textilindustrie der Schwäbischen Alb, Baden-Württembergs, ja ganz Deutschlands hatte längst das Licht ausgeknipst. So elementare Arbeiten wie Rohwolle zu waschen,

Ein Abendkleid aus Merinowolle

zu kämmen und daraus strickbare Wolle zu spinnen – Fehlanzeige in Deutschland. Vier Tonnen Wolle mussten ins österreichische Ötztal gekarrt werden, um gewaschen zu werden. Weil das nicht richtig funktioniert hat, ging die ganze Ladung nach Belgien. Von dort nach Frankreich zum Kämmen, um anschließend in Portugal in der Spinnerei zu landen. Damit hatte zuvor keiner gerechnet. Aber um eine erste Strick-Kollektion auf den Catwalk zu bringen, um zu testen, ob die Kundschaft solches auch goutiert, gab es keinen anderen Weg. Die Vision von Veronika Kaiser und ihrem Mann ist es, »das nur noch rar gesäte Wissen, welches noch in Bezug auf die Wollverarbeitung vorhanden ist, im Biosphärengebiet Schwäbische Alb zu bündeln und wieder zu beleben, um somit die komplette Produktionskette und alle damit verbundenen Betriebe wieder auf die Schwäbische Alb zurückzuholen.«

Der Einstand der ersten »Albmerino-Kollektion« vom Kinderschuh bis zum rassigen Abendkleid mit orchideengleicher Merino-Seidenstola jedenfalls übertraf die Erwartungen beider Familien. Mit so viel Besucher- und Medieninteresse auf der »Schön und gut«-Verbrauchermesse in Münsingen, mitten im Biosphärengebiet, hatte niemand gerechnet.

Vielleicht bedarf es erneut eines so mutigen Schrittes wie einst bei Herzog Carl Eugen, um die Tradition der Alb-Merinos vielleicht noch einmal zweihundert Jahre fortführen zu können. Der Alb-Landschaft wird es in jedem Fall guttun, denn ohne Schafe wachsen die Fluren zu. Die Alb braucht die Merinos – und der Schwarzwald auch.

Wichtige Internetadressen

www.alb-guide.de
www.biosphaerengebiet-alb.de
www.flomax-natur.de
www.grosses-lautertal-alb.de
www.restaurant-hotel-hirsch.de
www.schaefer-stotz.de

Milchlammrücken im Spätburgunderfond
auf glasiertem Wurzelgemüse und Schupfnudeln

Für das Lammfleisch:

1 Milchlammrücken (ganzer Rücken), ca. 1,2 kg
125 ml Spätburgunder
1 kleiner Zweig Rosmarin
1 kleiner Zweig Thymian
1 kleine Zehe Knoblauch
1 Scheibe Brioche oder Weißbrot
1 TL Tomatenmark
10 weiße und schwarze Pfefferkörner
Senfkörner
Piment
3 Nelken
Majoran
½ Lorbeerblatt
Wurzelgemüseabschnitte als Röstgemüse
3 ungeschälte Schalotten

Für das glasierte Wurzelgemüse:

2 mittelgroße Karotten
1 Petersilienwurzel oder kleine Pastinake
1 kleine gelbe Steckrübe
1 kleine Sellerieknolle
1 EL Butter
30 g Zucker
125 ml Gemüsebrühe oder Mineralwasser

Für die Schupfnudeln:

500 g Pellkartoffeln, am Vortag gekocht
200 g Dinkelmehl
2 Eigelb
Muskat

Salz, Pfeffer, Öl, Butter

Agnus Dei, das Lamm Gottes, ein Symbol für Jesus Christus und so alt wie die Christenheit selbst. Juden wie Christen gilt es als Inbegriff für Reinheit und Unschuld. Die Katholiken nehmen das Lamm Gottes in der Heiligen Messe zu sich. Es wird ihnen in Form der Hostie gereicht. In der Osterzeit gibt es aber noch andere Darreichungsformen: Biskuit, Schokolade, Zucker oder eben das Osterlamm, am besten natürlich eines der legendären Alb-Lämmer von Schäfer Gerhard Stotz aus Münsingen aufs Delikateste zubereitet vom Sterne-Koch Gerd Windhösel im »Hirschen« in Sonnenbühl-Erpfingen. Nicht nur zur Osterzeit, wie das in den vergangenen Jahrhunderten der Brauch war, sondern das ganze Jahr über kann man hier das Lamm genießen. Und zwar frisch geschlachtet vom Direktvermarkter von nebenan und nicht in Plastikfolie vakuumiert und tiefgefroren aus Neuseeland am anderen Ende der Welt.

Es brutzelt, zischt und brodelt in der Küche des Sternekochs, der sein Handwerk unter anderem im berühmten Drei-Sterne-Haus »Bareiss« in Baiersbronn erlernt hat. Mittendrin Gerd Windhösel, den Rücken eines sechs Wochen alten Milchlamms in der Hand, 1,2 Kilo sind das etwa. »Vier Personen werden davon satt«, sagt er. Für diese Personenzahl ist auch die ganze Rezeptur ausgerichtet.

Schwuppdiwupp hat Windhösel das Rückgrat entfernt. »Die Rippenknochen kürze ich etwas, sodass die beim späteren Aufschneiden entstehenden Koteletts einen sechs bis acht Zentimeter langen Stielknochen haben«, erklärt der Meister. All das Abgeschnittene wird kleingehackt und wandert mit ein wenig Pflanzenöl in einen separaten Topf. Mäßige Hitze drunter, anrösten, das gibt nachher die Soße.

Windhösel hat inzwischen zwei Karotten, eine Petersilienwurzel, eine kleine, gelbe Steckrübe und eine kleine Sellerieknolle in gleich große Stücke ge-

schnitten. Er macht das am liebsten immer mit dem Buntmesser – der Optik wegen. Die kleinen Reste sowie drei ungeschälte Schalotten gibt er zum Mitrösten in den Soßenansatz, noch einen Teelöffel Tomatenmark dazu, das Ganze nochmals kurz wenden und dann – zisch – das Achtel Spätburgunder geht in einer Dampfwolke über dem Topf auf und verbreitet schon ein vielversprechendes Aroma in der Luft, weit und breit keine Spur von Hammelgeruch. Die im Mörser zerstoßenen weißen und schwarzen Pfefferkörner, einige Senfkörner, etwas Piment, Majoran und ein Lorbeerblatt wandern nun zusammen mit drei Nelken ebenfalls in den Topf. Jetzt das Ganze mit Wasser auffüllen, bis die Knochen bedeckt sind, und leicht köcheln lassen.

Das hübsch zugeschnittene Wurzelgemüse wird kurz vor dem Anrichten mit einem Esslöffel Butter, 30 Gramm Zucker und einem Achtelliter Gemüsebrühe oder Mineralwasser glasiert.

Doch nun zum Wichtigsten, zu den beiden Milchlamm-Rückenteilen: Sie sind vierzehn Tage abgehangen. Die Fleischoberfläche ist schön trocken, ein sicheres Indiz für eine stressfreie Schlachtung. Qualität, wie sie die Sterneköche brauchen, und nicht nur die.

Gerd Windhösel

Windhösel salzt die Rückenteile mit Hallith-Salz aus dem Himalaja. Frisch gemahlen. Er findet, es sei das reinste und ehrlichste Salz. Ohne Rieselzusätze, ohne alles. Nicht umsonst heißt es auch »Königssalz«, denn allein den Königen war es früher vorbehalten. Der Pfeffer kommt aus der Mühle. Nun beidseitig anbraten in einer Mischung aus frischer Butter und Sonnenblumenöl, Rosmarinzweig und Knoblauch kommen mit in die Pfanne. Geheimtipp des Meisters: »Nicht zu viel Hitze, damit die Röststoffe nicht zu stark werden. Das Fleischaroma soll begleitet, aber nicht übertönt werden.« Weil das Lamm-Carré, wie dieser Rücken auch genannt wird, nicht gerade pfannengerecht ist, schöpft Windhösel immer wieder mit einem Löffel das heiße Fettgemisch aus der Pfanne und übergießt die hochstehenden Fleischteile damit, die sonst nie in den Genuss von richtiger Pfannenhitze kommen würden. Hat das Lamm-Carré überall Farbe bekommen, ab in den mit 180 Grad vorgeheizten Backofen. Fünf Minuten garen lassen.

Das Fleisch hat jetzt eine Kerntemperatur von etwa 48 Grad. Wenn Sie ein Fleischthermometer haben, können Sie das selbst überprüfen. Wichtig ist jetzt, den Lammrücken noch etwa eine Viertelstunde an einem warmen Ort ruhen zu lassen. Das ist leichter gesagt als getan. Windhösel hat eine Warmhalteschublade in seinem Herd, die er gradgenau einstellen kann. So um die 50 bis 52 Grad, meint er, ist ein guter Erfahrungswert. Doch wer hat so eine Schublade? Sie können den gleichen Effekt erzielen, indem Sie den 180 Grad heißen Backofen nach den fünf Minuten Garzeit einfach ausschalten, die Backofentür öffnen und die Hitze entweichen lassen.

Und wozu der ganze Aufwand? Durch das Anbraten hat sich im Innern ein Überdruck gebildet, der sich durch das Ruhen wieder ausgleichen kann. So verteilen sich die rosa Fleischsäfte wieder gleichmäßig im Innern und laufen beim Anschneiden nicht einfach aus.

Für den Soßenansatz, den wir ganz am Anfang schon vorbereitet haben, ist nach anderthalb Stunden die Zeit gekommen, über ein feines Sieb abgegossen zu werden. Etwas einreduzieren und einen Esslöffel frische, kalte Butter einrühren.

Aus 500 Gramm Pellkartoffeln – am Vortag gekocht und durch die Presse gedrückt –, 200 Gramm Dinkelmehl, zwei Eigelb, Salz, Pfeffer und einem Hauch Muskat einen Kartoffelteig bereiten. Den Teig zwischen den Handflächen zu dünnen Kartoffelnudeln rollen (schupfen) und im Salzwasser abkochen. In kaltem Salzwasser abschrecken und in geklärter Butter scharf anbraten.

Bevor nun alles hübsch angerichtet wird, noch ein Geheimtipp des Sternekochs: Eine Scheibe Brioche oder Weißbrot mit frisch gezupften Thymianblättern im Küchenmixer zerkleinern. Den Milchlammrücken mit zerlassener Butter bestreichen oder frische Butterflocken darauf verteilen. Die Brot-Kräuter-Mischung drüberstreuen und kurz mit starker Oberhitze im Backofen überkrusten. Ein Luxus mit geringstem Aufwand, aber mit dem gleichen Erfolg, als hätte sich die Angebetete noch ein Parfum von Chanel, Dior oder Guerlain aufgelegt. *Guten Appetit!*

Alb-Linsen

Wenn's mir kalt den Rücken runterläuft und sich die Härchen zur Gänsehaut formieren, dann ist das in der Regel ein untrügliches Zeichen dafür: Die Geschichte, die ich gehört habe, ist wirklich gut. Bei der folgenden passierte mir das öfter. Eigentlich jedes Mal, wenn ich sie höre – und ich habe sie inzwischen oft gehört. Und das Schöne daran: Ich bin nicht allein, anderen geht's genauso. Gut, die Welt wäre nicht untergegangen, hätte sich die Geschichte nicht ereignet, es geht nicht um den verlorenen Sohn, aber immerhin um zwei Vermisste, verloren Geglaubte.

Fast fünfzig Jahre war sie verschollen

Fast fünfzig Jahre waren sie verschollen, wie vom Erdboden verschwunden. In Haigerloch im Zollernalbkreis wurden sie zuletzt gesichtet, die beiden kleinen Dinger. Nebeneinander gelegt messen sie nicht einmal einen Zentimeter. Die »Späth'sche Alblinse I und II«, benannt nach der Haigerlocher Firma Späth. Wer jetzt denkt: So viel Gedöns um zwei Linsen, dem sei gesagt, es geht um nicht weniger und um nicht mehr als um die beiden »Ur-Alblinsen«. Linsen, die auf der Alb nicht nur heimisch waren, sondern zu Hause. Die mit dem Klima, dem kargen Boden bestens zurechtkamen und die Bauern mit ihnen. Zwangsläufig. Schließlich ließ sich die Verbindung eher als Zwangsehe denn als Liebesheirat bezeichnen. Es war immer »ein Saugschäft« und eine »Mordskomede« mit diesen kleinen Dingern. Und deswegen hat sie Ende der fünfziger Jahre des 20. Jahrhunderts auch kein Mensch vermisst. Alle waren froh, dass sie mit dem »Zeugs« und dem »Glomp«, wie sich heute der eine oder andere über Achtzigjährige noch äußert, nichts mehr zu tun haben mussten. Denn der Aufschwung nach dem Krieg brachte moderne Lebensmittel auf den Tisch. Und wer unbedingt Linsen haben wollte, konnte sich die jetzt im Laden kaufen. 1959/60 hat Deutschlands letzter Linsenbauer aufgehört, haben Spezialisten herausgefunden. Und seit dieser Zeit waren sie nicht mehr gesehen, die kleinen Dinger. Und es hat sie auch keiner vermisst – zunächst wenigstens.

Ein Vierteljahrhundert zog ins Land. Die Schwaben aßen ihre nach wie vor heißgeliebten »Linsen und Spätzle«. Die Linse war also nicht vergessen worden, lediglich ihr Anbau fand nicht mehr auf der Alb statt. Und so, wie der Strom aus der Steckdose und die Milch aus dem Tetrapack kommen, so rieselten die Linsen aus dem Päckchen. Und falls das Ursprungsland überhaupt auf der Packung stand, interessierte es vermutlich die wenigsten. Ob Türkei, Kanada oder Indien – Linsen waren für die meisten einfach nur Linsen.

Nur einer, ein querdenkender Sturkopf und ein sturer Querkopf – Letzteres war vermutlich das häufiger gefällte Urteil seiner Mitmenschen – dachte Mitte der achtziger Jahre plötzlich wieder an Linsenanbau. In Bioqualität, versteht sich. Das alles hatte in der damaligen Zeit nicht gerade etwas mit Mainstream zu tun. Woldemar Mammel ist sein Name, sein Hof steht in Lauterach.

Woldemar Mammel wollte es gleich richtig machen und suchte im Saatguthandel nach den alten

Sorten, die den Erzählungen nach früher immer für die sogenannte »Leis-Gerste« verwendet wurden. Der Name »Leis-Gerste« ist quasi ein Synonym für die Anbauweise der Linsen. Denn diese Nutzpflanze braucht in unseren Breiten immer noch eine starke Schulter, an die sie sich anlehnen oder, präziser gesagt, an der sie sich hochwinden kann. Und dieser Partner war über Jahrtausende entweder Hafer oder eben die Gerste. Linsen waren nachgewiesenermaßen schon in der Hallstattzeit, also etwa 500 Jahre vor der christlichen Zeitrechnung, auf der Alb angebaut worden. Linsenabdrücke auf hallstattzeitlichen Scherben von der Heuneburg im Kreis Sigmaringen beweisen dies.

Aber Mammel kam an diesem Punkt nicht weiter. Überall nur Kopfschütteln und Achselzucken. Alte Dachböden waren seine letzte Hoffnung, dort war ja so manches gestapelt und irgendwann in Vergessenheit geraten. Doch auch hier blieb die Suche erfolglos. Also ausweichen auf andere, ähnliche Sorten: beispielsweise auf italienische Berglinsen vom Apennin oder auf die französische Du Puy-Linsen aus dem Zentralmassiv. Beides Gegenden, die agrotechnisch miteinander vergleichbar sind. Die »Alb-Leisa« waren kreiert.

Alles blieb aber klein, bescheiden, überschaubar. Doch wer in den Genuss dieser neuen Alb-Linsen kam, war begeistert. Und mit der Zeit wurde die Nachfrage

Die ersten zarten Pflänzchen der wiederentdeckten Alb-Linse

Der Schatz von Petersburg etwa achtfach vergrößert

immer größer. Allein konnte Mammel die Nachfrage der Bioläden, Hofläden und Marktstände nicht mehr befriedigen. Und so wurde 2001 die »Öko-Erzeugergemeinschaft Alb-Leisa« gegründet. Der Anfang einer Erfolgsgeschichte. Aus einer Handvoll Betriebe – 2005 waren es sechs, 2008 schon 21 – entwickelte sich im Jahr 2010 geradezu eine Linsen-Armada mit sage und schreibe 41 Betrieben, die inzwischen auf etwa hundert Hektar die kleinen, wohlschmeckenden Früchtchen produzieren.

Sturköpfe sind nicht immer leicht zu ertragen, andererseits geht ohne sie manchmal nichts. Mammel jedenfalls ließ, trotz Ersatzlinsen, nicht locker in seiner Suche nach der kleinen und großen Späth-Linse, den Originalen. Kein Dachboden war vor ihm sicher. Und er fand im Laufe der Suche noch zwei weitere Mitstreiter: Klaus Lang aus Wolfegg, ein Hobby-Wildpflanzensammler mit sehr großem Tiefgang, und Klaus Amler, Ökologe aus Stuttgart. Alle drei waren schließlich in Goldgräberstimmung. Doch jeder Goldgräber weiß auch, die Nuggets fliegen einem nicht so einfach in die Waschpfanne.

Die Recherchen in Archiven, Saaten- und Genbanken, vorwiegend übers Internet, gestalteten sich schwierig. Klaus Lang hatte es zuerst über die verschiedenen Pflanzenvereine probiert. Keiner wusste von den Späth'schen Alb-Linsen. Aber jeder hatte einen neuen Ansprechpartner parat. Langs Suche führte ihn schließlich über eine riesige Saatenbank in Syrien in die Türkei. »Von dort kam 2006 der entscheidende Tipp«, erinnert sich Klaus Lang noch ganz genau. »Ans Wawilow-Institut, eine Gen-Bank in St. Petersburg, sollte ich mich wenden, an die zuständige Frau für Leguminosen, Margarita Vishnyakova. Der hab ich geschrieben, ich wolle diese Linsen kaufen. Sie schrieb zurück: »Die schicke ich Ihnen kostenlos«, weiß Lang noch wie heute. »Nur, es kam nichts. Rückfragen bei der Russin. Sie habe es abgeschickt, es komme, hieß es. Und es kam wieder nichts. Eine Ewigkeit verging, bis schließlich aus Österreich ein Brief ins Haus flatterte, adressiert an Dr. Klaus Lang, Austria. »Aber ich bin ja gar kein Doktor und schon gar keiner in Österreich«, rückt Lang zurecht. Aber diese falsche Adresse war die Erklärung für die Verzögerung. Lang war überglücklich über die beiden Tütchen mit etwa 300 Samen der Späth'schen Linsen. Er baut sie an und informiert Mammel. Offensichtlich noch etwas ungläubig nimmt der die Nachricht auf. Das Alltagsgeschäft geht weiter.

In St. Petersburg lag der Schatz verborgen

Davon unabhängig hatte auch Klaus Amler die Spur aufgenommen. »Eigentlich hab ich mir das ganz einfach vorgestellt«, besinnt sich Amler heute. »Meine Frau schafft an der Uni Hohenheim, die frage ich und dann kann ich dem Mammel in Kürze sagen, wo's die Linsen gibt.« Doch weit gefehlt. Schließlich ist auch Amler in Syrien gelandet, wo acht- bis zehntausend Linsensorten archiviert sind. Nachts um drei sei er dann auch in Petersburg angekommen, auf der Internetseite des Wawilow-Instituts.

Mit dieser Nachricht wollte er Woldemar Mammel überraschen, war aber eher selbst überrascht von dessen Reaktion. Mammel: »Dann hot dr Klaus Lang also doch Recht«, hallte es Amler entgegen. Was eigentlich Überraschung sein sollte, war also eher Bestätigung.

Jetzt ging alles seinen Gang. Amler wollte in Petersburg auch Linsen abholen, aber gleich mit einer Delegation von Linsenbauern, Landwirtschaftsverwaltung und Leuten von Slow Food. »Die Anbahnung hab ich über die Deutsche Botschaft in Moskau und das Konsulat in Petersburg gemacht. Der Konsul war ein Freiburger, der konnte was mit Linsen anfangen und hat gleich seine Übersetzer ins Wawilow geschickt«, weiß Amler noch. Auf diese Weise wurde den hartnäckigen Linsenforschern der Weg in die weltweit älteste und drittgrößte Sammlung genetischer Ressourcen von Kulturpflanzen geebnet: ins Wawilow-Institut in St. Petersburg.

Was den einen Fort Knox, ist den anderen das Wawilow-Institut. Um nur mal einen kleinen Eindruck dessen zu geben, was dort an Schätzen der Welt liegt, ein paar Zahlen: Das Institut bewahrt 330 000 verschiedene Nutzpflanzen und verwandte Wildpflanzen aus aller Herren Länder aus der Zeit vor 1930 auf. »Die Sammlung ist einzigartig in der Welt«, behauptet kein Geringerer als Professor Peter Tigerstedt von der Universität Helsinki, der das Institut mit einem internationalen Expertengremium bewertet hat. Der Unterschied zwischen Fort Knox und dem Wawilow-Institut ist allerdings gravierend. Während es den rund 150 Millionen Feinunzen Gold, mehr als 4500 Tonnen, völlig egal ist, wie lange sie dort liegen und welches Klima um sie herum herrscht, müssen von den 330 000 Pflanzen in St. Petersburg jährlich 100 000 erneuert werden, damit sie ihre Keimfähigkeit erhalten. Das heißt: säen oder stecken, pflegen, ernten, säubern, fein säuberlich wieder in Tüten verpacken, beschriften und wieder einlagern. Linsen hat der Gründer des legendären Instituts,

Nikolai Wawilow, übrigens knapp 3000 verschiedene auf der ganzen Welt zusammengetragen, und darunter, jetzt sind wir wieder ganz nah an unserer Geschichte, befinden sich auch die über Jahrzehnte verschollen geglaubten Früchtchen, eben die Alb-Linsen. In St. Petersburg eingeordnet unter: »Spats Alpenlinse« und »Spaths Alblinse 1«. Diese von den Russen etwas modifizierte Schreibweise der Linsen war wohl auch der Grund, weshalb sich die Suche doch etwas schwieriger gestaltet hat. Der Weg, den die hohenzollerischen Linsen genommen hatten: Nachgewiesene Stationen sind die damalige Tschechoslowakei 1958 und Ungarn im Jahre 1963, von dort ging es ins einstige Leningrad, heute wieder St. Petersburg.

Jedes Linschen bekam ein Töpfchen

Der 30. November 2007 ist der Tag eins in der Renaissance-Geschichte der Späth'schen Alblinsen. Zehn Linsenbauern der Alb und drei Repräsentanten von Slow Food reisten damals in die nördlichste Millionenstadt der Welt: St. Petersburg. In einer feierlichen Übergabe holten sie sich ihren Goldschatz höchstpersönlich aus dem Fort Knox der Pflanzen, aus dem Wawilow-Institut. Dreihundert Stück der Späth'schen Linsen bekamen sie überreicht – in zwei Papiertütchen. »Ond au no umsonscht«, konnte es der Älbler Woldemar Mammel kaum fassen. Er freute sich wie ein Kind und seine Delegationsmitglieder mit ihm. Er riss jubelnd die Arme empor, als wäre er gerade als Goldmedaillen-Gewinner bei den Olympischen Spielen über die Ziellinie gelaufen.

Es ist aber nur ein Zwischenziel. Denn jetzt geht die Arbeit erst richtig los. Der Schatz wird nicht nur gehütet wie der besagte Augapfel, er wird auch verteilt. Zum einen auf das Institut für Angewandte Forschung der Hochschule für Wirtschaft und Umwelt Nürtingen-Geislingen – dort sitzt mit Prof. Dr. Roman Lenz eine zentrale Figur, die sich privat und beruflich sehr stark für den Erhalt historischer Kulturpflanzen einsetzt – und zum anderen auf die Gärtnerei Schänzle in Obermarchtal, ein Demeter-Betrieb, der sich auf die Zucht von Heilpflanzen spezialisiert hat. Welch grünen Daumen Chef Anton Schänzle hat, zeigt sich allein schon an der Tatsache, dass er einer von nur zweien auf der Welt ist, denen es bisher gelang, den fleischfressenden Sonnentau zu kultivieren. Dieser geballte Sachverstand wird jetzt gebraucht, um die Linsen fachgerecht zu vermehren. Nichts wird dem Zufall überlassen.

Die Winzlinge dürfen natürlich nicht aufs freie Feld – und wenn, dann nur unters Hagelzelt –, alles andere wäre viel zu risikoreich. Jedes Linschen bekommt im Gewächshaus sein eigenes Töpfchen und seine eigene Tropfbewässerung. Ein klein wenig erinnert das an eine Frühchenstation in einer Geburtsklinik. Keiner der Beteiligten weiß natürlich, wie die kleinen Dinger schmecken werden. Verständlicherweise quält jeden der Beteiligten also die Frage: Lohnt sich der Aufwand, den wir hier betreiben, überhaupt? Gedeihen die Früchte in ihrer neuen alten Umgebung und wenn ja, finden sich Kunden dafür? Alle sind jedenfalls bereit, dieses Risiko einzugehen. Enthusiasmus und eine gewisse Dickschädeligkeit steuern ihren Teil dazu bei.

Solche epochalen Rettungsaktionen finden natürlich nicht im Geheimen statt, sollen sie auch gar nicht. Tue Gutes und rede darüber, heißt die Devise. Denn je mehr davon wissen, desto mehr werden die Aktion ideell und auch ökonomisch unterstützen. Presse, Funk und Fernsehen springen sofort auf die Heimkehrer-Aktion an und legen den Grundstein. Vortragsveranstaltungen unterstützen das. Der

Einsamige Hülse der Alb-Linse

erste ganz große Auftritt folgt bei der zweiten Slow-Food-Messe in Stuttgart 2008. Die Alb-Linse wird danach zum Selbstläufer. Die Spannung steigt jetzt bei allen ins Unermessliche, denn jeder will wissen, was bei dem Versuch herauskommt. Wird alles klappen? Wann wird die erste Verkostung sein? Dieser Krimi schreibt sich wie von selbst.

Mammel hofft beim Linsennachwuchs wenigstens auf einen Vermehrungsfaktor von zehn. Er wird positiv enttäuscht werden. Das Vermehrungsjahr 2008 liefert das Achtfache davon. Knapp sechs Kilo bringt die erste Ernte. Ein Erfolg, aber noch lange kein Grund, sich auf eine erste Verkostung freuen zu dürfen. Bei einer Vortragsveranstaltung, bei der die für die Linsen zuständige Frau am St. Petersburger Wawilow-Institut, Margarita Vishnyakova, auf der Alb zu Gast ist, bekomme ich für kurze Zeit ein ganzes Honigglas der neuen Ernte in die Hand – aber nur zum Anschauen

»Linsenpapst« Woldemar Mammel am Trieur: Linsen, Getreide und Schmutz werden darin voneinander getrennt.

und Fotografieren, streng bewacht von vielen Argusaugen. Als ich den goldenen Aachener Domschatz einst bei offener Vitrine filmen durfte, waren es nicht mehr. Sechs Kilo, alle sind happy! Aber um mal eine Vorstellung davon zu bekommen, wie weit man mit sechs Kilo kommt: Für die Aussaat auf einem Hektar Fläche, zehntausend Quadratmeter sind das, sind zwischen 40 und 50 Kilogramm notwendig.

Wie gut es ist, dass viele Menschen von diesem Linsen-Krimi wissen, zeigt sich kurz vor Weihnachten 2008. Im Ehinger Ortsteil Mundingen wird ein Dachboden renoviert. Beim Öffnen einer massiven, mausdicht verschlossenen Holztruhe kommen verschiedene Leinensäckchen ans Tageslicht. Inhalt: Saatgut. Leinsamen, Kleesamen, Grassamen und ein Säckchen mit einem Gemisch aus Getreidekörnern und unscheinbaren kleinen, dunkelbraunen, runden Samen. Geschätztes Alter: 50 bis 60 Jahre.

Glücklicherweise fällt dieser Schatz mit Bruno Rinker einem Mann in die Hände, der quasi durch seine Arbeit als Stuckateur in Kirchen und Klöstern schon öfter zum Schatzheber wurde, also nicht alles gleich wegwirft. Er zeigt den Inhalt dieses Säckchens seiner Nachbarin, der Bäuerin Christa Schörle. Auf den ersten Blick identifiziert sie die runden Samenkörner als Linsen. Und sie kennt Woldemar Mammel aus dem Nachbardorf Lauterach. Die Reaktion bei diesem Zusammentreffen braucht nicht beschrieben zu werden. Freude pur. Mammel identifiziert den neuerlichen Schatz eindeutig als die kleine Späth'sche Linse, die Alb-Linse Nr. 2. Sie sieht genauso aus, wie er sie aus St. Petersburg und aus der Übersicht des Bundessortenamtes von 1949 kennt. Das ist, so wertet es Woldemar Mammel, »der erste Fund, der belegt, dass diese kleine Späth'sche Alb-Linse Nr. 2 wirklich auf der Alb auch angebaut worden ist.« Denn die bis dahin gemachten Funde entsprachen nur der großen Späth'schen Alb-Linse Nr. 1.

Der Linsen-Krimi hatte zum Glück Folgen

Alb-Linsen in einem modernen Trockner

Die Vermehrung im Jahr 2009 findet zu einem Großteil bereits unter realen, praxisnahen Bedingungen auf Feldern der Schwäbischen Alb statt. Als Stützfrucht wird Hafer eingesetzt. Zur Sicherheit wird ein Teil der Vermehrungsfläche aber mit einem Hagelschutznetz überdacht. Der Ertrag: 120 Kilo Späths Alb-Linse klein und 20 Kilo Alb-Linse groß.

2010: Die Medien bleiben am Ball, Messeauftritte, die Universität Hohenheim forscht, die Hochschule Nürtingen ebenso, Studenten schreiben ihre Arbeiten über die Linse. Welche Stützfrucht ist die richtige, welche die beste? Welche unterstützt die Linsen optimal und welche bringt auch noch ordentlich Geld ein (weshalb beispielsweise ein Versuch mit Braugerste angesetzt wird)? Was muss unternommen werden, dass der Mähdrescher am besten an seine Früchtchen kommt, Bodenbeschaffenheit, Fruchtfolge? Fragen über Fragen, die Zug um Zug abgearbeitet werden. Es wird Zeit brauchen, schließlich darf man

2011 erstmals im Handel – wenn die Ernte gut ausfällt: Alb-Linse II und I

nicht vergessen: In den letzten fünfzig Jahren wurde züchterisch nichts mehr gemacht. Es gibt also enormen Nachholbedarf.

2010 ist im Vergleich zu 2008 kein gutes Linsenjahr. Mal zu trocken, mal zu feucht, Sonne zum falschen Zeitpunkt, die ganze Palette. Trotzdem reicht die Ernte für ein Versucherle. Die Betonung liegt auf dem »le«, dem schwäbischen Diminutiv. Im kleinsten, geheimen Kreis, so ist zu hören, gibt's eine erste Verkostung. Und am 17. Oktober 2010, im Gasthaus »Ritter« in Tübingen, die erste öffentliche. Streng im Dienste der Wissenschaft, versteht sich.

Lukas Fierlbeck von der Nürtinger Hochschule macht seine Bachelor-Arbeit über die Alb-Linse und da gehört die Verkostung dazu. Bunt gemischt das Test-Völkchen von rund 70 Personen. Vom Kind bis zum Senior ist alles dabei. Alle sind gespannt wie Flitzebögen. Vier Näpfchen mit vier verschiedenen Linsen bekommt jeder, von 1 bis 4 durchnummeriert, dazu einen Fragebogen. Das Aussehen ist zu bewerten, nachher noch Geruch und Geschmack. Ich selbst teste außer Konkurrenz, weil ich die Linsen vom Aussehen alle schon kenne. Studenten und Freunde helfen Fierlbeck bei der gastronomischen Logistik, der Koch vom »Ritter« hat heute einen leichten Job. Die Linsen werden in nacktem, bloßem Wasser gekocht, kein Salz, kein Pfeffer, keine Fleischbrühe, nichts. Schließlich soll der Geschmack einer jeden Linse unverfälscht rüberkommen. Und ich muss sagen, das sollte man eigentlich viel öfter machen, um den Eigengeschmack eines Lebensmittels richtig zu erforschen.

Wo die Tester schließlich ihre Kreuzchen machen, ob bei pfeffrig, nussig, erdig, grasig, nach jungem Mais schmeckend oder fade, weiß ich nicht. An meinem Tisch jedenfalls finden alle, ohne es zu wissen, die Späth'schen Linsen super. Ich übrigens auch. Wobei ich sagen muss, die Kleine von Späth hat noch mehr Pfiff als die Große, aber beide werden mit Sicherheit ihre Liebhaber finden – ob schon 2011 oder ein Jahr später, welche Rolle spielt das schon bei der schönen Geschichte, die dazu aufgetischt werden kann. Probieren Sie selbst!

Wichtige Internetadressen

www.alb-leisa.de
www.freilichtmuseum-beuren.de
www.rose-ehestetten.de

Alb-Linsen mit Wildschweinrücken
mit glasiertem Wurzelgemüse, Pastinaken-Püree, Rosenkohl und Salbeischaum

Für den Wildschweinrücken:
720 g Wildschweinrücken (180 g pro Person)
2 g Wacholderbeeren
150 g Butter
1 Scheibe Buttertoastbrot

Für die Balsamico-Alb-Linsen
400 g Alb-Linsen
½ Zwiebel
100 g Butter
300 ml Gemüsebrühe (Ansatz aus Wasser, Lorbeer, Wacholder, Knoblauch und Gemüse der Saison)
150 ml Balsamico-Essig
50 g Petersilie

Für das glasierte Gemüse:
200 g Kartoffeln
200 g Karotten
200 g Wurzelsellerie
100 g Butter
100 ml Gemüsebrühe (wie oben)
2 g Rosmarin

Für das Pastinaken-Püree:
150 g Pastinaken
50 g Butter
250 ml Sahne

Für den Rosenkohl:
24 Rosenkohlblätter
12 Knoblauchzehen

Für den Salbeischaum:
80 g Butter
5–10 Salbeiblätter
250 ml Milch
½ TL Lecithin (aus der Apotheke)

Salz, Pfeffer

Simon Tress, Chefkoch im Bio-Hotel »Rose« in Hayingen-Ehestetten, schwitzt gerade Butter und fein geschnittene Zwiebeln an und schüttet 400 Gramm »Alb-Leisa«, also Biolinsen von der Alb, in den Topf. Noch sind es die Du Puy-Linsen der Sorte »Anicia«. Doch schon bald wird Simon Tress die Möglichkeit haben, die kleine und große Späth'sche Alb-Linse zu servieren, wenn sie in ausreichender Menge für den Verkauf produziert werden konnte. (Nach der Ernte 2011 könnte das eventuell schon der Fall sein).

Simon Tress

Es zischt, eine aromatische Wolke steigt auf. Tress gießt Gemüsebrühe an – die Linsen haben jetzt eine leicht glasige Farbe angenommen, der richtige Moment für Brühe –, bis die Linsen bedeckt sind. Sanft köcheln lassen und immer wieder Brühe zugießen, aber nur wenig Salz. Denn zu starke Hitze und zu viel Salz machen die Linsen hart! Erst am Schluss vollends abschmecken.

Während Tress den Wildschweinrücken salzt und pfeffert, erzählt er von seinem Bio-Kollegen und »Linsenpapst« Woldemar Mammel aus Lauterach und dessen großem Erlebnis am 30. November 2007 in St. Petersburg. Bis alle die Geschichte kennen, wird sie Tress noch oft erzählen müssen, aber sie ist immer wieder schön und gehört jetzt einfach zu den Alb-Linsen dazu, wie das Salz zur Suppe.

Simon Tress brät den Wildschweinrücken in Butter ringsum farblos an. Nur um die Poren zu schließen. Später kommt das Fleisch dann unabgedeckt für etwa 12 Minuten bei 150 Grad in den Ofen.

Für die Grillkruste werden im Mörser etwa zwei Gramm Wacholderbeeren zerdrückt, eine Scheibe Toastbrot in feine Würfel geschnitten und dann alles mit der weichen Butter im Mörser mit der Löffelrückseite zu einer glatten Masse vermengt. Salz nicht vergessen.

In der Butter, in der zuvor der Wildschweinrücken angebraten wurde, dürfen sich's jetzt die zwölf halbierten Knoblauchzehen zusammen mit dem fein geschnittenen Rosmarin bequem machen. Wenig Hitze, einfach so vor sich hinschmurgeln lassen.

Das Gemüse ist dran. Goldig-schaumige Butter lockt die gelb, rot und weiß leuchtenden Würfel aus Kartoffeln, Karotten und Sellerie förmlich an. Eine wahre Geschmackssinfonie werden die »Wurzel-Kinder« in ihrem Butterbett entwickeln, unterstützt von der feinnotigen Gemüsebrühe nebst gehacktem Rosmarin, Salz und Pfeffer.

Die Pastinake will natürlich in nichts nachstehen. Gewürfelt schmilzt auch sie in der Butter dahin, wird weich und weicher, freut sich auf Sahne, kann zur Not aber auch mit Milch leben, falls an »Hüftgold« mal wieder gespart werden soll. Des Salzes Würze muss aber sein.

Mehr der Farbe wegen kommt der Rosenkohl ins Spiel. Zerpflücken Sie einfach einige Rosenkohlröschen in ihre Einzelteile. Die äußeren, größeren Blätter sind zu bevorzugen. 24 Stück davon kurz in Salzwasser vorblanchieren und in kaltem Wasser abschrecken. Kurz vor dem Servieren nochmals in Salzwasser erwärmen. Die Knoblauchzehen aus der Pfanne in die Blätter legen (siehe Foto).

Eine sehr moderate, aber wirkungsvolle Anleihe aus der Molekular-Küche ist der Salbei-Schaum. Einfach herzustellen, aber schmeichlerisch am Gaumen. Fünf bis zehn Salbeiblätter aalen sich in 80 Gramm Butter und geben ihr Aroma in 250 Millilitern aufgekochter Milch ab. Ein halber Teelöffel Bio-Lecithin-Granulat aus der Apotheke sorgt dafür, dass der vom Stabmixer hochgezogene Schaum auch stabil bleibt und zwar für gut eine halbe Stunde.

Zeit für den Wildschweinrücken, seine Rosafarbe zu holen. Fertig gegart wird der Rücken, indem er mit der Wacholderbutter belegt und im Grill kurz überkrustet wird. Gleichzeitig laben sich die Alb-Leisa an Balsamico-Essig und kochen bis zu einer cremigen Konsistenz ein. Jetzt kommen das restliche Salz und die gehackte Petersilie dazu.

Die Alb-Leisa werden auf dem Teller in einer runden Blechform gebändigt, bevor sich der wacholderduftende Wildschweinrücken darauf ausbreiten darf. Gemüse, Püree, Rosenkohl mit Knoblauch und Salbeischaum dürfen je nach Kreativität und Designvorlieben auf dem Teller verteilt werden.

Guten Appetit!

Alb-Schnecken

Die Donau ist reißend. Der Regen der letzten Tage hat sie mächtig anschwellen lassen. Deswegen sind die vier Steuermänner auf der Ulmer Schachtel – zwei hinten und zwei vorne – auf der Hut. Eine Unachtsamkeit könnte zu einem Fiasko führen, im schlimmsten Fall zum Totalverlust. Schiff samt Ladung: wertvolle Stoffe aus Leinen und Baumwolle, der sogenannte »Barchent«, Bier, Leinöl und Zunder – ja, und noch drei Fässer Schnecken von der Alb, 30 000 Stück. Ein Fass für das Kloster Melk und zwei für die feine Wiener Gesellschaft, die sich ihre Fastenspeise immer vom Markt bei der Peterskirche holen lässt.

Vincent, sozusagen der Kapitän auf diesem Ulmer Kahn, schaut ganz kritisch in den Himmel. Was das Wetter wohl macht? Mit dem Regen ist eine unnatürliche Wärme hereingebrochen, viel zu mild für Ende Januar. Nicht dass er und seine Mannen was gegen Wärme hätten, ganz im Gegenteil. Aber seine »Passagiere«, die Schnecken, die dürfen jetzt alles, bloß keine Wärme abkriegen, erzählt er dem Anton, der fährt heute das erste Mal mit. »Wenn's denen zu warm wird, dann wachen die aus ihrem Winterschlaf auf, sind dann total aus dem Häuschen, verlassen es alle gleichzeitig und sprengen ihr Fass und dann hast du die Sauerei. Die Hälfte ist kaputt und die andere Hälfte kannst den Fischen zum Fraß vorwerfen. Vor zwei Jahren ist mir das passiert. Ich sag dir, die Mönche haben getobt, weil sie keine Schnecken gekriegt haben, und der Knupfer Andi aus Weiler auch, weil er sein Geld hat in den Kamin schreiben können. Aber wir haben ja nix dafür können. Hoffentlich passiert uns das nie mehr«. »Schwätz net so viel«, poltert der Veit von vorne, »da kommet die g'fährliche Stromschnelle.«

Das Luxusgut auf dem Wasserweg nach Wien

Die beiden können ruhig durchatmen. Diese Fahrt von Ulm nach Wien, die aus dem Stoff erdacht wurde, den die Geschichtsschreiber mehr oder weniger nebulös weitergegeben haben, ist gut ausgegangen. Doch von vorne.

Tatsache ist: Die bisher früheste schriftliche Überlieferung, wonach Schnecken als beliebte Fastenspeise von Ulm aus mit dem Schiff, den sogenannten Ulmer Schachteln, auf der Donau bis nach Wien an Klöster und betuchte Weltliche geliefert wurden, stammt aus einem Ratsprotokoll vom 30. März 1624. Für die Isar gibt es sogar noch ein viel früheres Datum. Schnecken wurden dort im Zusammenhang mit der Flößerei schon 1312 genannt. 1657 erwähnt die Württembergische Zollordnung »Schneckenfuhrleute«, wie in zwei Nachschlagewerken erklärt wird. Und an die vier Millionen Schnecken jährlich sollen außer Landes geliefert worden sein, berichtet Johann Herkules Haid in seinem Buch »Ulm mit seinem Gebiet« aus dem Jahre 1786. Es ist von Tonnen oder Fässern die Rede, die als Transportgefäß benutzt worden sein sollen.

Wie man sich diese Tonnen oder Fässer vorzustellen hat, weiß bisher noch keiner. Gehen wir davon aus, es sind Behältnisse ähnlich einem Most- oder Weinfass gewesen, dann waren diese mit Sicherheit sehr stabil.

Dass es solche Behältnisse waren, dafür spricht zum einen eine Kostenabrechnung aus dem Jahre 1884 von Schneckenhändler Andreas Knupfer aus Weiler bei Hayingen im Tal der Großen Lauter, der zu entnehmen ist, dass dreißig Mark für ein Fass, sogenannte »Legele« oder »Lägele«, nicht an einen x-Beliebigen, sondern an einen Küfer bezahlt wurden. Zum andern durfte das Fass auch nicht zu dünnwandig sein, weil es ja zehntausend Schnecken mit einem Gesamtgewicht zwischen 300 und 400 Kilo bändigen musste. Ohne jetzt physikalische Berechnungen angestellt zu haben, um zu prüfen, ob die Kriechtiere so viel Schneckenpower und Sprengkraft aufzubringen vermochten, um ihr Gefängnis bersten zu lassen, würde man vielleicht eher

Schneckenfamilie auf Tour

vermuten, sie haben sich selbst durch ihr Gedränge den Garaus gemacht. Sollten es aber Flechtkörbe mit schlechtem Verschluss oder tatsächlich nur sehr dünnwandige Fässer gewesen sein, um Geld zu sparen, dann mag es auch zu den kolportierten Schleimereien auf den Schiffen gekommen sein.

So oder so, die Geschichten sind trotzdem hochinteressant. Sie zeugen jedenfalls alle von einem flotten Handel mit Kriechtieren nach Österreich, Ungarn, aber auch nach Frankreich. Ein ordentliches Zubrot für den einen oder anderen Bauern, vielleicht auch eine Extragabe für die Kinder, denn die werden es in erster Linie gewesen sein, die in den einzelnen Ortschaften der Alb und des Albvorlandes die Weinbergschnecken in ihren hübschen Häuschen, *Helix pomatia,* wie der Lateiner sagt, haben sammeln müssen.

Hier soll nun die Rede sein von der einstigen Schneckenhochburg Weiler im Lautertal im 18. und 19. Jahrhundert und vom erneuten Aufblühen des Schneckengeschäftes in jüngster Zeit. Das Geschäft bleibt quasi in der Familie, denn Rita Goller aus Münsingen-Rietheim ist eine Nachfahrin der »Schnecken-Dynastie Knupfer« im Hayinger Ortsteil Weiler. Sie ist eines von rund dreißig Mitgliedern der Interessengemeinschaft »Alb-Schneck«. Der Name »Alb-Schneck« ist übrigens ein inzwischen geschützter Begriff, ein eingetragenes Markenzeichen. Die Gemeinschaft besteht aus Bauern, Metzgern, Gastwirten, Touristikern und aus Freunden und Unterstützern. Eine uralte und einstens auch gewinnträchtige Tradition will die bunte Schar wieder aufleben lassen.

Professor Roman Lenz aus Nürtingen – dieser Name begegnet uns immer wieder, wenn es um die Erhaltung und Reaktivierung vom Aussterben bedrohter Lebensmittel geht –, Chef des Instituts für Angewandte Forschung an der Nürtinger Hochschule für Wirtschaft und Umwelt, hat die Schnecke 2004 gewissermaßen wieder auf ihre (Schleim)Spur gesetzt. Bei einer Exkursion mit seinen Studenten ins Lautertal war er darauf gestoßen. Nun muss man wissen, Roman

Weinbergschnecken: einst ein einträgliches Geschäft. Das soll es wieder werden.

»Der Schneckensammler« der Künstlerin Monika Geiselhart ziert seit 1991 die Lauterbrücke in Weiler.

Lenz engagiert sich ehrenamtlich sehr stark bei Slow Food Deutschland, einer weltweiten Vereinigung von bewussten Genießern und mündigen Konsumenten. Eines der erklärten Ziele der Organisation: der Kampf um die Lebensmittelvielfalt, die sogenannte Agro-Biodiversität. Mit seiner Regionalgruppe, dem Convivium Stuttgart, ist es ihm schon mehrfach gelungen, regionale Lebensmittel in die »Arche des Geschmacks« aufnehmen zu lassen. Wer hier aufgenommen wird, genießt nicht nur besondere Aufmerksamkeit, sondern kann sich auch der einen oder anderen Förderung erfreuen. Im besten Fall macht Slow Food ein Lebensmittel zu einem Mitglied im sogenannten Presidio-Projekt (von »Presidio«, italienisch für Schutzraum). Dann genießt es nicht nur aktive Förderung durch Slow Food, sondern auch die internationale Anerkennung und Unterstützung dieser Vereinigung.

An Bord der »Arche« ist der Albschneck nun schon seit Februar 2005 und hat sich inzwischen sehr ordentlich weiterentwickelt. Doch diese Schneckengeschichte beginnt schon ein Jahr früher. Im besagten Weiler wird 2004 mit vielseitiger Unterstützung ein historischer Schau-Schneckengarten aufgebaut. Für Einheimische und besonders natürlich für die Touristen. Mit zwei auf fünf Metern und besetzt mit 150 bis 200 Schnecken ist die Anlage so groß wie jene, die sich einst im Hausgarten für den Eigenbedarf fand.

Schnell merkten die Macher, dass ihnen schon das Fachwissen für die Erstellung eines richtigen Zauns fehlte, welches also erst mühsam wieder zusammengetragen werden musste. Um den Schnecken nämlich das Ausreißen unmöglich zu machen, muss der Konstrukteur einiges bedenken. Früher wurde den Schnecken mit Nagelreihen, Blechen und Hasengittern der Weg nach draußen und Nagern der Weg nach drinnen versperrt. Um den Krähen die Schneckensuppe zu versalzen, gab es Ansitzstangen für Bussarde und andere Greifvögel. Heute verwenden die Schneckenzüchter Kunststoff-Netzzäune mit überhängenden Taschen, die einen Ausbruch unmöglich machen sollen. Manche Schnecken schaffen es trotzdem. Ganz besonders schnell scheint sich unter den sonst eher als gemächlich verschrieenen Weichtieren herumzusprechen, wenn ein Loch im Zaun ist, erklärt Rita Goller, die als Alb-Guide auch Führungen anbietet. »Dreimal umdrehen und schon sind fünf weg.« Deshalb müssen die Zäune laufend kontrolliert werden.

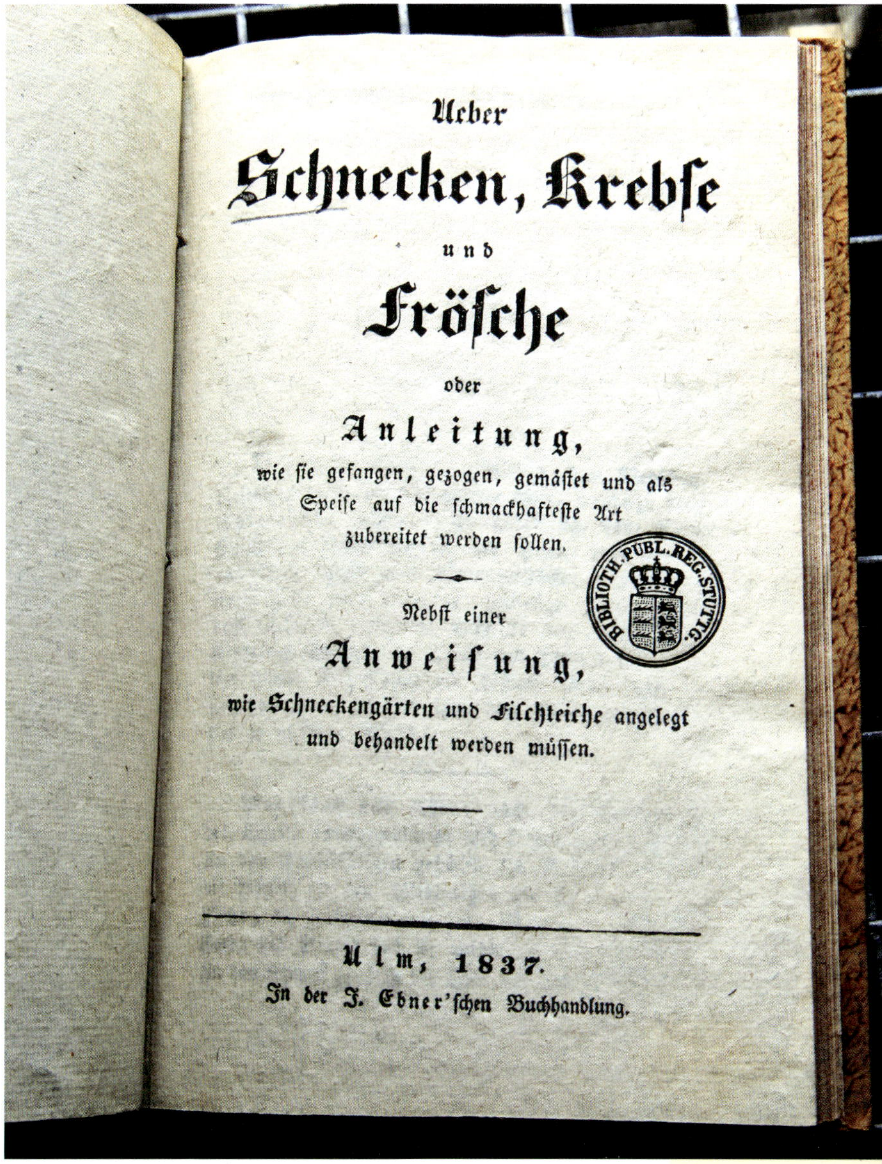
Ueber
Schnecken, Krebse
und
Frösche
oder
Anleitung,
wie sie gefangen, gezogen, gemästet und als Speise auf die schmackhafteste Art zubereitet werden sollen.

Nebst einer
Anweisung,
wie Schneckengärten und Fischteiche angelegt und behandelt werden müssen.

Ulm, 1837.
In der J. Ebner'schen Buchhandlung.

Auf altes Wissen wird heute gerne wieder zurückgegriffen.

In der Mitte des Schneckengartens wird ein Mooswalm aufgeschichtet, damit die Kriechtiere bei Kälte oder Trockenheit Unterschlupf finden. Bevor sie sich im Herbst für die Winterruhe eindeckeln, verkriechen sie sich im Moos oder graben sich sogar in der obersten Bodenschicht ein. Von dort werden sie dann mit einer hakenförmigen Gabel mit drei Zinken, dem »Mooshäckle«, herausgerecht. Rita Goller kniet dazu lieber auf den Boden und »grubelt« sie mit bloßen Händen heraus. Für die Schnecken, von nun an Handelsware, schonender, für die Hände und Fingernägel eher weniger.

Apicius legte die Schnecken in Milch ein

Schnecken zu verspeisen, besonders in der vorweihnachtlichen und vorösterlichen Fastenzeit, ist keine Erfindung unserer Epoche. Schon 50 v. Chr. ist der Römer Fulvius Hirpinius wohl auf den Geschmack gekommen. In seiner bereits professionellen Aufzucht wuchsen die Schnecken mit mostgetränktem Mehl und Milch zu einer beträchtlichen Größe heran. Der bekannteste Kochbuchautor der Antike, Caelius Apicius, empfiehlt, vor einer Zubereitung die Speise einige Tage in Milch einzulegen, um sie anschließend zum Verzehr zu braten. Ob dieser Tipp von allen Römern beherzigt wurde, die sich über ganz Europa verbreiteten, ist nicht bekannt. Wohl aber konnten die Archäologen unserer Tage bei ihren Ausgrabungen überall einen hohen Schneckenkonsum nachweisen.

Später waren die katholischen Ordensleute scharf auf die *Helix pomatia,* weil diese Speise auch dem Herrgott gefiel, war sie doch weder Fisch noch Fleisch. Diese Tatsache kam den Schneckenzüchtern Lukas und Andreas Knupfer aus Weiler sehr zustatten. Allein 15 Franziskanerklöster gehörten in den 1880er-Jahren zur Kundschaft der beiden: in Altstadt bei Hammelburg, Berchtesgaden, Berching in der Oberpfalz, Dettelbach in Bayern, Dietfurt in der Oberpfalz, Eggenfelden, Freystadt in Bayern, Götzmünster, Ingolstadt, Landshut, Miltenberg, München, Neukirchen beim Heilig Blut, Pfreimd in der Oberpfalz, Tölz und Würzburg. 1885 wurden an diese Klöster zwischen 1800 und 10 000 Stück geliefert. Preis: Hundert Stück zu 84 Pfennig, und zwar egal, ob viel oder wenig abgenommen wurden. Rabatt gab's damals offensichtlich keinen.

Als private Kundschaft hatten die beiden beispielsweise die Spezereihandlung J. G. Hintzgern in Krems, Professor Müller in Raatz, Adolf Reichhart in Wien oder gar Michael Waller in Budweis, damals noch österreichisch, heute Tschechien. Diese Aufzeichnungen hat die Nachwelt dem ehemaligen Bürgermeister und späteren Ortsvorsteher von Rietheim zu verdanken. Er hatte bei einem Nachfahren der Knupfers, bei Richard Knupfer in Weiler, Akteneinsicht bekommen und daraus ein Protokoll gefertigt.

Eine Schar Unentwegter gönnt sich heute bei Regen- und Nieselwetter eine Führung im neuen Schneckengarten von Rita Goller. Das Fernsehen ist auch da, will eine Reportage über ein Schneckenrennen nach internationalen Regeln verfolgen und der »Speisung der Zehntausend« zusehen. Einen Vorteil hat das nasse Wetter: Die »Schleimer« verkriechen sich wenigstens nicht. Schneckenrennen und internationales Reglement? Da wird man natürlich hellhörig. Ja, sogar Weltmeisterschaften gibt es, man höre und staune. 2009 zum Beispiel im ostenglischen Congham. Zweihundert Rennschnecken, sogenannte *Gastropoda curracis,* also schnellfüßige Schnecken, haben versucht, den 1995 von »Archie« aufgestellten Weltrekord zu unterbieten: 33 Zentimeter in nur zwei Minuten.

So wie es aussieht, sind die Alb-Schnecken aus Rita Gollers neuem Garten noch nicht im besten Trainingszustand, obwohl sie

Erst in der Vergrößerung zeigen die höchstens fünf Millimeter großen Schneckeneier ihre Struktur.

Das Lautertal – hier ein Blick von der Burg Hohengundelfingen – war einst das Eldorado der Schneckensammler.

auf rund 800 Metern über Normalnull schon fast Höhentrainingskonditionen vorfinden. Vielleicht haben auch das Fernsehen oder die vielen Leute sie aus der Fassung gebracht. Jedenfalls denken sie heute an alles, nur nicht ans Rennen.

Jedes Häuschen trägt ein kleines Namensschild mit dem Vornamen eines jeden Besuchers, zwecks eindeutiger Identifizierung im Ziel. Gestartet wird auf einer rund vier Quadratmeter großen Platte, versehen mit vier konzentrischen Kreisen. Kreise wohl deshalb, weil die vorübergehenden »Häuslebesitzer« auf diese Weise in jedem Fall ein Erfolgserlebnis haben, egal in welcher Richtung ihr Kandidat startet. Der innerste Kreis ist der Startpunkt. Das Kommando lautet: Ready, steady, slow! Wessen Schnecke als Erste den äußersten Kreis »überrannt« hat, ist Sieger. Heute ist eine Butterbrezel als Prämie ausgesetzt. Platzierungen sind ebenso möglich. 18 Punkte gibt's für das Erreichen des ersten Kreissegments, 38 für das zweite und 58 für das äußerste. Warum so schräge Zahlen? An diesem Tag bleibt es ein Rätsel. Die Schnecken jedenfalls kommen heute nicht richtig in Schwung, einige verzetteln sich in Liebesspielen. Weltrekord: Fehlanzeige!

Die Eier werden auch als Kaviar verwendet

Dafür haben die Teilnehmer der Führung im Anschluss ans Rennen ein ganz besonderes Klangerlebnis. Sie hören das Salatraspeln der Kriechertruppe. Hunderte Raspelzungen machen sich gleichzeitig über Rita Gollers Salatblätter her, und die funktionieren in etwa wie Braunkohlebagger im Kleinformat. Die ganz kleinen Raspelzähnchen auf der Zunge benutzen die Weichtiere auch, um Erdhöhlen zur Eiablage auszubaggern. Oder sie graben sich damit vor der Winterruhe selbst ein. Alles Fähigkeiten, die man den kleinen Schleichern gar nicht zutraut. Aber nicht umsonst haben sie sich in der Evolution als (über)lebensfähiges Modell erwiesen.

Apropos Eiablage. Wer einmal die Eier einer Weinbergschnecke gesehen hat, wird zwangsläufig auf die Idee kommen: Das sieht aus wie Kaviar. Und in der Tat, Schneckeneier werden auch als Kaviar verwendet. In Deutschland ist diese Art des Genusses noch wenig verbreitet. Die Franzosen dagegen sind diesem Luxus gegenüber schon etwas aufgeschlossener. »Eine Sensation für den Gaumen. Ein Geschmack nach Pilzen und Moos. Erinnerungen an einen Waldspaziergang nach dem Regen«, schwärmt im Internet Dominique Pierru, Eigentümer einer Schneckenfarm in Frankreich. Er behauptet, dieses »weiße Gold« aus Frankreich würde ebenso lecker schmecken wie das schwarze aus Russland. Es kommt vermutlich auf einen Versuch an.

Rita Goller will mich zu einem Test animieren – ich verschiebe den Versuch nochmals. Schließlich muss so etwas ja auch entsprechend zelebriert werden. Andere sind hier nicht so zimperlich. In den Food Halls bei Harrods in London oder in den Delikatessgeschäften in Dubai finden die teuren Schneckeneier offensichtlich Käufer. 80 Euro pro 50 Gramm, das ist günstig. Es gibt das Rogen-Schächtelchen auch zum Kilopreis von über zweitausend Euro. Der französische Spitzenkoch Jacques Pourcel im »Le Jardin Des Sens« benutzt den »snail caviar« übrigens zur Abrundung seines Arrangements aus Zucchini-Blüten mit Joghurt und Sommerfrüchten.

Wer's gerne traditioneller hat, dem kann Rita Goller weiterhelfen. Als Dozentin für die Schneckenzubereitung an der Volkshochschule in Münsingen oder als Buchautorin eines kleinen Schneckenkochbuchs hält sie bestimmt einige wertvolle Zubereitungstipps parat.

Wichtige Internetadressen

www.albschneck.de
www.escargots.de
www.hirsch-indelhausen.de
www.wienerschnecke.at

Alb-Schneck im Wildschweinrock

auf Lauterforelle mit Lauch, Möhren und Romanesco

Für das Forellenfilet:
4 Forellenfilets
Mehl
2 EL geklärte Butter

Für die Alb-Schnecken:
12 küchenfertige Alb-Schnecken
12 dünne Scheiben wacholdergeräucherter Alb-Wildschweinschinken
12 frische Salbeiblätter
12 Zahnstocher

Für das Gemüse:
1 Stange Lauch
2 Möhren
1 kleiner Kopf Romanesco

Für die Sauce:
1 Zwiebel
1 Knoblauchzehe
125 ml Riesling
200 ml Sahne
1 Messerspitze gemahlener Wacholder
1 Bund Schnittlauch

400 g breite Nudeln
Salz und Pfeffer, Öl, Butter

Franz Kloker

Franz Kloker, der »Hirsch«-Wirt von Hayingen-Indelhausen, schneidet wacholdergeräucherten Älbler-Wildschweinschinken mit der Maschine, ganz feine Scheiben. »Zum Umwickeln der küchenfertigen Alb-Schnecken«, kommentiert er, legt noch ein frisches Salbeiblatt auf den Schinken, die Schnecke drauf und ergänzt noch: »und jetzt einrollen und das Röllchen mit einem hölzernen Zahnstocher fixieren. Fertig.« In der Tat, alles kein Hexenwerk.

Die geputzten Möhren und die Lauchstange zerschneidet der Küchenchef elegant in vier Zentimeter lange, feine Streifen, gibt sie in etwas heiße Butter und zieht sie gar. Vier Romanesco-Röschen sollten je nach Größe vorher blanchiert und kalt abgespült werden (der frischen Farbe wegen), um sich dann zu Möhren und Lauch in der Butter zu gesellen.

Die Zwiebel und die Knoblauchzehe fein schneiden, in einem Esslöffel zerlassener Butter glasig dünsten und mit dem Riesling ablöschen. Kurz aufwallen lassen und dann die Sahne dazugeben, ganz leicht köcheln lassen, bis die Sauce wunschgemäß eingedickt ist. Mit Salz und Pfeffer abschmecken, eine Prise frisch gemahlener Wacholderbeeren dazu, das verleiht der Sauce ein herrliches Aroma.

Die Forellenfilets wendet Kloker beidseitig in Mehl, teilt sie in jeweils drei gleiche Teile und gibt sie in die heiße, geklärte Butter. Sie werden auf der Hautseite schön knusprig angebraten. In der Pfanne daneben sind ein paar Tropfen Öl heiß geworden, Kloker gibt die Schneckenröllchen dazu und brät sie beidseitig langsam und leicht an. Zum einen werden sie so heiß, zum anderen ziehen das Aroma des wacholdergeräucherten Wildschweinschinkens und die ätherischen

Öle des frischen Salbeis auf diese Weise in das Schneckenfleisch ein. Die Salzschärfe des Schinkens würzt das Schneckchen, weshalb es vorher nicht gesalzen werden muss.

Die Nudeln sind inzwischen im Salzwasser fertig gekocht. Es kann angerichtet werden. Die Schnecken im dunklen Wildschweinrock (die Anzahl kann je nach Belieben auch erhöht werden) dürfen sich's auf dem hellen Fleisch der Forelle bequem machen, Nudeln und Gemüse kommen auf die andere Seite, Schnittlauch drüber, der grüne Romanesco krönt den Teller.

Übrigens: Wer Appetit auf Schnecken bekommen hat, für den hält Kloker während der Saison eine ganze Speisekarte voller Schneckengerichte bereit. Vom Schneckensüppchen bis zur klassischen Schnecke in Kräuterbutter, sauer angemacht mit Zwiebelringen auf Blattsalat oder mit Speck, Zwiebel und Kräuterrahm, vielleicht auch mit Indelhauser Spätzle und Alblinsenragout. Wer von den Schnecken auf dem Teller lieber nicht so viel sehen will, der bekommt sie auch eingerollt in Schweinefilet mit leichter Pfeffer-Cognacsoße und Salzkartoffeln. Der Einstiegsmöglichkeiten gibt es genug.

Guten Appetit!

Champagner Bratbirne

Internationale Verwicklungen und Schlat – wie passt das zusammen? Schlat, eine knapp 2000 Einwohner zählende Obstbaugemeinde am Albrand, unweit von Göppingen gelegen. Aber – kein Witz – es hat sie gegeben, die Verwicklungen. Sieben Jahre lang. Denn nicht sein kann, was nicht sein darf. Wenigstens haben die Franzosen das so gesehen, nicht alle, nur einige wenige aus Epernay in der Champagne, genauer gesagt, die vom »Comité Interprofessionnel du vin de Champagne«. Das sind die Hüter des Begriffs und der Marke »Champagner«. Und wo immer auf der Welt das Wort »Champagner« ohne deren Segen auftaucht, gibt's Ärger. Notfalls geht's vor den Kadi.

Der Most moussiert wie feinster Schaumwein

In Schlat ist dieses Wort aufgetaucht. Auf den Flaschen des Lammwirts und Manufakturisten Jörg Geiger: »Champagner Bratbirnen – Birnenschaumwein trocken« stand da auf dem Etikett. Das war nicht geschwindelt, die reine Wahrheit und nichts als die Wahrheit. Geigers Schaumwein war ja tatsächlich aus der Sorte »Champagner Bratbirne« hergestellt, wie sie einst bereits 1760 in einer »ökonomischen Anweisung« beschrieben worden war. Dort ist zu lesen: »Man bauet auf den Fildern, einer Gegend unweit von Stuttgart, eine Gattung Birnen, die wegen ihrer Räue fast nicht zu essen ist, sie sind rundlich und grün und als einer Art Holzbirnen anzusehen, man lässt sie auf den Bäumen bis zum Gefrieren. Der Most wird gut davon und hat einen ganz besonderen angenehmen Geschmack, wenn man ihn spuntet und nicht ganz gären läßt, so moussiert er wie der Champagnerwein und hat vieles von seinem Geschmack an sich.« Die Schaumwein-Herstellung aus Birnen, so hat Jörg Geiger festgestellt, ist damit in Deutschland 66 Jahre älter als die aus Trauben.

Für diese historische Ableitung hatten die Franzosen allerdings keinerlei Verständnis. Sieben Jahre wurde prozessiert. Zigtausende von Mark hat das Verfahren verschlungen und das Wort »Champagner Bratbirnen« rutschte auf dem Etikett immer tiefer. Zunächst wurde daraus »Birnenschaumwein aus der Champagnerbratbirne«. Auch das gefiel den Franzosen nicht. Ebenso wenig wie »Birnenschaumwein, hergestellt aus der Obstsorte Champagnerbratbirne«. Heute schmückt das Frontetikett nur noch das Wort »Birnenschaumwein«. Die Obstsorte, aus der der feine Saft gewonnen wird, musste auf das Rückseiten-Etikett verschwinden, so hatten sich die Parteien schlussendlich verglichen.

Den wohlklingenden Namen »Champagner Weinbirne« hat ihr offensichtlich ein Geistlicher verliehen. Pfarrer Christ schreibt in seinem Handbuch zur Obstbenutzung, das in Frankfurt am Main 1797 in zweiter Auflage erschienen ist: »Diesen Namen muß ich ihr geben, weil ich sie nur in hiesiger Gegend ohne Namen gefunden und kennen gelernt.« Der Pfarrer stellt aber sehr schnell höchst gravierende Unterschiede zwischen Schein und Sein fest: »Auf dem Baum siehet man sie für eine sehr gute eßbare Birne an, sie ist aber so streng und rauh, daß sie kein Vieh genießen mag.« Doch eines lässt sich bei dieser Frucht mal wieder lernen. Manches, was vordergründig schlecht oder ungenießbar

scheint, kann beim zweiten Hinsehen gar köstlich sein. In diesem Fall müssen noch ein paar Arbeitsgänge der Veredelung dazwischengeschoben werden und schon lautet das Urteil des Pfarrers ganz anders: »Allein sie macht einen zur Verwunderung vortreflichen Wein: (wenn man 1/3 oder 1/4 Äpfelwein darunter keltert), der mit dem Champagnerwein viele Aehnlichkeit hat. Er wird wie solcher weiß, musiert und springt oft zur Bouteille heraus, wenn der Pfropf schnell ausgezogen wird; ist zuckersüß, pikirt auf der Zunge und steigt in die Nase, wie der beste Champagnerwein.« So also das Urteil von Pfarrer Christ, das ohne weiteres auch eine Schlussbetrachtung in der Geschichte der Champagner Bratbirne hätte sein können.

Die Champagner Bratbirne: »Auf dem Baum siehet man sie für eine sehr gute eßbare Birne an …«

Dass dem nicht so ist, hat die Nachwelt dem jungdynamischen Koch und Manufakturisten Jörg Geiger zu verdanken. Dank seines Engagements verlieh ihm der bekannte Weinkritiker Stuart Pigott in der Ausgabe 2010 seines kleinen genialen Weinführers das Prädikat »Obstweinerzeuger des Jahres«. In der Kategorie »Weiße Schaumweine« erhält der »Birnenschaumwein aus der Champagner Bratbirne trocken« vier von fünf möglichen Pigott-Punkten. Die Begründung: »In diesem hochoriginellen Schaumwein verbinden sich reife Birnenaromen mit sanften Gerbstoffen zu einer feinen Harmonie, die manch große Champagner-Marken blass aussehen lässt!«

Zugegeben, diese Lorbeeren gab's nicht gleich aus dem Stand heraus. Man schrieb das Jahr 1997, als der 22-jährige Geiger seine Lehr- und Wanderjahre als Koch und seine Weiterbildung zum Hotelbetriebswirt beendet hatte. Er übernahm nun nicht nur sofort den elterlichen Gasthof, sondern erinnerte sich auch an Erzählungen seines Großvaters, der immer vom moussierenden Most aus der Champagner Bratbirne gesprochen hatte. Quasi der Moment der Wiedergeburt eines alten und edlen Getränks, zweihundert Jahre nach der positiven Kritik von Pfarrer Christ. Zum einen wollte der aufstrebende Jungunternehmer damit ein wenig gegen den Strich bürsten, zum anderen aber eine Tradition pflegen: den Obstanbau mit hochstämmigen Bäumen auf Streuobstwiesen. Und wie gelänge das besser, als das angebaute Obst fleißig zu verwenden. Zum Beispiel zur Herstellung von sortenreinen Destillaten, wie sie schon Geigers Vater gebrannt hatte, und für Apfel- und Birnenweine.

Es war ein Moment der Wiedergeburt

Geiger erinnert sich noch genau an seine ersten zarten Gehversuche mit zweihundert Champagnerflaschen. Seine Mitarbeiter hatte er in dieser Zeit das Fürchten gelehrt. Keiner wollte mehr in den Keller. Nicht etwa wegen irgendwelcher Spinnentiere, Geister oder Ähnlichem. Nein, es hatte sich schnell herumgesprochen, dass bei größeren Temperaturschwankungen einem dort Teile der Champagnerflaschen um die Ohren fliegen. Gut die Hälfte der Versuchsflaschen hatte sich auf diese Art und Weise verabschiedet.

Zu einer inoffiziellen Verkostung hat es trotzdem noch gereicht. Die erste Präsentation wurde zu einem besonderen Ereignis, weil Geiger das Degorgieren aus dem Keller an den Tisch der Gäste verlegte und das Entfernen des gefrorenen Hefepfropfens im Flaschenhals mit großer Geste zelebrierte. Offenbar war die Verwunderung der Gäste ob der Finesse und des feinen Moussierens groß. Keiner hatte so ein »edles Möschtle«, Verzeihung, so einen »sauguten Schaumwein« erwartet. Eine Dame wird den Abend wahrscheinlich in fünfzig Jahren noch mit Datum und Uhrzeit benennen können. Der experimentierfreudige Geiger hatte seinen heißspornigen Schaumwein nämlich nicht immer voll im Griff, so wird erzählt. Denn statt in die bereitgestellten Gläser ergoss sich fast der gesamte Flascheninhalt auf Frisur und Kleid der Dame. Hochnotpeinlich war's dem jungen Wirt, der jungen Frau vielleicht nicht zwingend. Denn möglicherweise war Geigers Ladung so prickelnd, dass sie Lust auf ein Champagnerbad verspürt hat, ähnlich der großen und legendären Marilyn Monroe oder lange vor ihr schon Ludwig XIV., Frankreichs Sonnenkönig.

Während der Kellermeister die Qualität überprüft, rollt der Nachschub in der Mosterei.

Doch dieses kleine Malheur war weniger ein Rückschlag als vielmehr Ansporn, die Sache möglichst schnell und gut in den Griff zu bekommen. Schade nur, dass umfangreiches Wissen und Erfahrungen unserer Vorväter nicht mehr in der Konsequenz weitergegeben werden, wie das früher der Fall und überlebensnotwendig war. Und so musste Geiger sicher viele Erfahrungen machen, bei denen andere vor ihm auch schon das sogenannte Lehrgeld gezahlt hatten. Auf der anderen Seite vergaß er nicht, den Blick trotz aller Tradition auch nach vorne zu richten. Beispielsweise auf schonendere Pressverfahren, was völlig neue Perspektiven der Obstweinherstellung eröffnet. Der Unterschied zu früher: Bei den alten Pressen wurde mit zweihundert Bar Druck das allerletzte Tröpfchen aus dem Trester gequetscht, damit aber auch sämtliche Stoffe, die man lieber nicht in seinem Saft haben wollte: unter anderem die Gerbstoffe.

Bestes Beispiel dafür ist die Grüne Jagdbirne. »Da hat dich früher jeder Moster vom Hof gejagt«, erinnert sich Jörg Geiger. Die sprichwörtlichen Wunden hätte man damit zusammenziehen können, ohne sie zu nähen, so viel Gerbstoffe haben die in sich. Mit seiner neuen Niederdruckpresse wird Geiger aber auch damit fertig. Der Schaumwein aus der Grünen Jagdbirne ist geradezu wie ausgewechselt. Während ein Trompeter nach einem Biss in die Jagdbirne garantiert die nächs-

Degorgieranlage bei Jörg Geiger: Die Hefezellen werden aus dem Schaumwein entfernt

ten acht Tage keinen Ton mehr aus seinem Instrument bekommen würde, ist der daraus gewonnene Schaumwein geradezu ein Gaumenschmeichler.

Vergleichbar ist der Vorgang bei der Champagner Bratbirne. Doch während früher ein Pressvorgang mit höchsten Drücken in sechs Minuten beendet war, dauert er in der Niederdruckpresse sechs Stunden. Der erste Saft während einer Ruhephase nach dem Mahlen des Obstes läuft sogar nur aufgrund der Schwerkraft aus der Presse.

Hätte Württembergs einstiger Regent Herzog Carl Eugen im 18. Jahrhundert von der Champagnerqualität dieser Bratbirne schon Kunde gehabt, er hätte in seiner Baumschule den Befehl gegeben, noch mehr dieser Birnenbäume für sein Land zu ziehen, als er dies eh schon getan hat. Fachleute vermuten, dass die

Champagner Bratbirne, eine alte württembergische Sorte, aus einem Zufallssämling entstanden ist. So, wie es bei fast allen alten Obstarten der Fall war, auch beim Geißhirtle und der sogenannten kleinen Hutzelbirne (über die an anderer Stelle in diesem Buch noch zu lesen ist).

Der Gründer der Reutlinger Pomologie, einer privaten Lehranstalt für Gartenbau, Obstkultur und Pomologie, Karl Friedrich Eduard Lucas, lässt sich 1850 über die häufige Verbreitung der Champagner Bratbirne aus. Auf den Fildern bei Stuttgart, im Neckar- und im Remstal und in vielen Gegenden sei sie zu finden. Der Baum etablierte sich in Höhenlagen zwischen 300 und 450 Metern, besonders in kleinklimatisch begünstigten Lagen, wie beispielsweise um Geigers Heimatort Schlat herum.

Ein Segen für die Streuobstwiesen

»Der Hauptbestand an Bäumen der Champagner Bratbirne ist dort zwischen 90 und 120 Jahre alt«, berichtet Geiger, »ein kleiner Teil um die 30 Jahre, und die Neupflanzungen der letzten fünf Jahre haben das Wachsen noch vor sich, bevor sie nach 20 Standjahren erst einen nennenswerten Ertrag bringen.« Woran das liegt, weiß Geiger auch: »Ein Hochstamm folgt nun mal zuerst seinem natürlichen Wachstumsdrang, bevor er beginnt, Früchte zu tragen. Hier wird wirklich der Baum für die nächste Generation gepflanzt und aufgebaut«, sagt Geiger und deutet auf seine beiden Kinder, die gerade durch die neue Plantage rennen und die Mausefallen kontrollieren. »Nachhaltiges Wirtschaften ist hier gefragt«, schließt Geiger unsere kleine Rundfahrt durch die Schlater Streuobstwiesen ab, packt den Nachwuchs ins Cabrio und rauscht wieder ab in seine Küche.

Wenn die Baumbesitzer im Land einen finanziellen Anreiz haben, ihre Bäume zu pflegen und bessere Obstqualitäten abzuliefern, ist für das Weiterleben der Streuobstwiese gesorgt. Die Streuobstwiesen im Bereich der Schwäbischen Alb und des Vorlandes sind das größte zusammenhängende Streuobstgebiet Europas. Damit das weiterhin so bleibt, braucht es allerdings noch mehr solcher Unternehmerpersönlichkeiten wie Geiger. Dessen Schaumwein ist im Laufe der Zeit zu einem wichtigen Beitrag zur Erhaltung der alten Birnensorte Champagner Bratbirne vom Hochstamm geworden. Und weil diese vom Aussterben bedroht ist, hat Slow Food Deutschland vor einiger Zeit den Birnenschaumwein als ersten Vertreter Süddeutschlands in die »Arche des Geschmacks« aufgenommen: als schützenswertes, regionales und kulinarisch wertvolles Produkt. Inzwischen hat die Champagner Bratbirne sogar Presidio-Status, das heißt, ein international anerkannter Förder- und Beschützerkreis kümmert sich um diese Birne. Seine Aufgabe ist, dem Beschützten und dessen Erzeugern eine möglichst gute wirtschaftliche Zukunft zu garantieren.

Der Gesundheit soll Geigers prickelndes Getränk übrigens auch sehr zuträglich sein, trotz seiner acht Prozent Alkoholgehalt. »Durch den täglichen Genuss von zwei Gläsern Birnenschaumwein können Herz-Kreislauf-Krankheiten reduziert werden«, befand Professor Reinhold Carle vom Institut für Lebensmitteltechnologie der Uni Hohenheim. Verantwortlich dafür ist der ungeheure Reichtum an Gerbstoffen, zehnmal so viel wie im Rotwein. Der Schaumwein schützt dadurch die körpereigenen Eiweißstrukturen, ist also ein Radikalenfänger. Diese Kunde wird im Ohr des Genießers Wohlklang verbreiten.

Wichtige Internetadressen

www.champagner-bratbirne.de
www.lamm-schlat.de
www.logl-bw.de
www.manufaktur-joerg-geiger.de
www.pomologen-verein.de
www.streuobstwiesen-bw.de

Karamellisierte Champagner Bratbirne

an Schafkäse auf Blattsalat und Wildkräutern

320 g Schaffrischkäse
Gemischte Blattsalate, je nach Angebot

Für die Schafkäse-Marinade:
Balsamico-Essig
Zucker
Ingwer
Kräuter der Provence nach eigenem Geschmack
Curry
Knoblauch
Koriander, gemahlen
Piment, gemahlen
Olivenöl

Für die karamellisierten Birnenspalten:
2-3 Birnen
50 g Butter
100 g Zucker
2 cl Birnendestillat zum Ablöschen

Für das Birnenmostdressing:
50 ml Birnenmostessig
50 ml Schaumwein aus der Champagner Bratbirne
25 ml Wasser
60 g Kartoffeln, gekocht und zerdrückt
25 ml Rinder- oder Geflügelbrühe
15 ml Holunderblütensirup
8 g Zucker
2 g Salz
1 Prise Pfeffer
1 Prise Koriander
1 Prise Ingwer
1 Prise Curry
1 Prise Piment
1 Prise Rosmarin
1 Prise Knoblauchpulver
1 Prise Majoran
1 Prise Basilikum
1 Prise Thymian
1 Spritzer Tabasco
1 Spritzer Worcester
1 ml Pernod
1 ml Palmisch Birnendestillat
40 ml Öl
7 ml Nussöl

Für die Garnitur:
geröstete Pinienkerne
Walnusskerne
Wildkräuter wie z. B. Brunnenkresse, Bachbunge etc.

Salz, Pfeffer, Öl

Getränk:
Birnenschaumwein, hergestellt aus der Obstsorte Champagner Bratbirne

Nicht nur für überschäumende Getränke ist die Champagner Bratbirne eine hervorragende Grundlage. Auch in seiner Küche verwendet Jörg Geiger dieses Produkt sehr gerne. Der gelernte Koch und »Obstweinerzeuger des Jahres 2010« hat sich zur Entschlackung und Revitalisierung des Körpers eine vitamin- und mineralstoffreiche Vorspeise ausgedacht: Den marinierten Schaffrischkäse mit karamellisierten Birnenspalten auf Blattsalat und Wildkräutern.

Die Zubereitung ist absolut kein Hexenwerk, und es kann viel nach eigenem Gusto variiert werden. Geiger beginnt in seiner Küche mit der Marinade für den Schafkäse. Salz, Zucker, Pfeffer, Ingwer, Kräuter der Provence, Curry, Knoblauch, Koriander und Piment

mit dem Balsamico-Essig verrühren, bis sich Salz und Zucker darin aufgelöst haben. Jetzt das Olivenöl kräftig unterrühren. Den Schaffrischkäse teilt er in vier gleiche Stücke und setzt sie in die Marinade. »Jetzt zwei bis drei Stunden auf jeder Seite im Kühlschrank einwirken lassen«, empfiehlt der Meister, »aber eher länger als kürzer.«

Die gewaschenen Birnen zerteilt Geiger in jeweils acht gleich große Spalten. Das Kernhaus kann er jetzt ganz leicht mit einem runden Ausstecher rausnehmen (sieht hübscher aus als mit dem Messer und ist ungefährlicher). In der heißen Pfanne schmilzt schon der Zucker zusammen mit der Butter. Die ungeschälten Birnenspalten kommen dazu, nochmals etwas Zucker drüber und mit dem Destillat ablöschen. Birnen so lange in der Pfanne schwenken, bis sich der Karamell vollständig im Saft aufgelöst hat. »Vorsicht!«, warnt Geiger, »Pfanne nicht zu heiß werden lassen, sonst verbrennen Zucker und Butter.« Mit Birnendestillat ablöschen.

Jörg Geiger

Eine Mischung aus gewaschenen Blattsalaten liegt schon bereit, einschließlich der würzigen Brunnenkresse und der Bachbunge, die er sich heute Morgen schon frisch hat pflücken lassen – am Bächlein in der Streuobstwiese. Das Birnenmostdressing wird eine wahre Geschmacksexplosion, wie die Zutatenliste schon erahnen lässt.

»Alle Ingredienzien aus der Zutatenliste, bis auf das Öl, kräftig miteinander verrühren«, erklärt Geiger, »bis sich Salz und Zucker in der Flüssigkeit aufgelöst haben. Dann mit einem Mixstab das Öl untermixen.« Geht natürlich auch mit dem Schneebesen, nur etwas beschwerlicher.

Jetzt alles zusammen auf einem Teller in Form bringen. Den gewaschenen Salat als Ring auslegen und mit Dressing beträufeln, den portionierten Frischkäse in die Mitte setzen und noch etwas von der Marinade drübergießen. Die Birnenspalten fächerartig auf den Käse legen. Den Teller mit den Wildkräutern, gerösteten Pinienkernen sowie Walnusskernen ausgarnieren und servieren.

Am besten trinkt man noch ein gut gekühltes Glas Birnenschaumwein aus der Champagner Bratbirne dazu. *Guten Appetit und zum Wohlsein!*

Filderspitzkraut

Zwei Köpfe stehen momentan im Mittelpunkt: Der eine denkt und lenkt und wird immer röter, der andere ist grün, spitz, schwer und wird klein und kleiner. Zwei Arme schießen mit dem grünen Kopf vor und zurück, als hätten sie die Kraft von dampfgetriebenen Schubstangen im Räderwerk einer Tenderlokomotive, die fünfzig erzbeladene Wagen hinter sich herziehen muss. Und das alles in einer Geschwindigkeit, dass einem beim Zuschauen schon fast schwindelig wird. Hunderte Anfeuerungsrufe wollen noch mehr Leistung herauskitzeln im Endspurt um den Weltmeistertitel im Krauthobeln der Damen in LE, in Leinfelden-Echterdingen.

»Die müsste man im Haushalt haben, die könnt' zupacken«, frotzeln einige Männer unter den Zuschauern, aber in mehr als anerkennender Weise. Denn die junge Frau hat in einer Minute über zwanzig Kilo Sauerkraut gehobelt aus Spitzkrautköpfen, die fünf und mehr Kilogramm wogen. Eine gigantische Leistung. Die Köpfe werden beim Wetthobeln aber nicht nur um dieselben kürzer gemacht, die Spitzköpfe sind auch die unangefochtenen Stars während der ganzen Krautfesttage, Deutschlands größter Krauthocketse, wie der Veranstalter wissen lässt. Jahr für Jahr drängen an den Festtagen rund 50 000 Besucher in die Stadt – bei jedem Wetter, wohlbemerkt – und holen zwischen 30 000 und 40 000 Spitzkrautköpfe von den Fildern: das Symbol der Fildern, südlich von Stuttgart, einer mit fruchtbarstem Löss-Boden gesegneten Region.

Ende der sechziger Jahre war beinahe Schluss

In LE sind heute alle stolz auf ihre Spitzköpfe, die einfach wesentlich zarter und feiner im Geschmack sind als die runden. Doch hätte auf den Fildern auch alles ganz anders laufen können. So nämlich, wie es überall zu laufen droht, wenn es darum geht, unter starkem Preis- und Konkurrenzdruck rationell und kostengünstig arbeiten zu müssen. Ausgangs der 1960er-, Anfang der 1970er-Jahre hätte es durchaus passieren können, dass eine jahrhundertealte Tradition zu Ende geht. Viele Bauern wollten damals lieber auf Rundkohl umstellen, der maschinell geerntet und verarbeitet werden kann. Dass heute auf den Fildern wenigstens noch zwanzig Prozent des Krautanbaus Spitzkohl sind, verdanken die Filderbewohner und natürlich auch die Kunden sicher dem Identität stiftenden Krautfest, das 1979 ins Leben gerufen wurde. Vier Jahre zuvor erst war im Rahmen der Gemeindereform die Stadt Leinfelden-Echterdingen entstanden, das Fest war also auch für das Zusammenwachsen der neuen Kommune wichtig.

Aber nicht nur die Produzenten von Spitzkraut mussten bei der Stange gehalten werden. Auch die Konsumenten brauchten wieder einen Schub. Dem Gemüse eilte bei der nachwachsenden Generation nicht eben der beste Ruf voraus. Sauerkraut im Allgemeinen wurde meist mit der schwer verdaulichen Schlachtplatte assoziiert, andere hatten den lang anhaltenden und intensiven Geruch in den Treppenhäusern großer Mietshäuser in der Nase. Sauerkraut – so richtig »in« war etwas anderes. Da half auch die alte Mütter-

Weisheit für von Liebeskummer geplagte Töchter nicht weiter, die da lautet: »Aufgewärmt schmeckt nur Sauerkraut gut.«

Und nicht zuletzt brauchte auch das vitaminreiche Gemüse selbst einen kräftigen Vitaminschub. Und der kam in Form von Slow Food Stuttgart und unserem schon bekannten Professor Roman Lenz von der Hochschule Nürtingen. Er war wieder einmal der Katalysator und Antrieb, um dem Filderspitzkraut die Tür in die »Arche des Geschmacks« zu öffnen, wo auf nationaler und internationaler Ebene nach dem Prinzip gearbeitet wird: »Essen, was man retten will!«

Im Juli 2005 wurde die Aufnahme des »*Brassica oleracea var. capitata for. alba subv. conica*«, wie die Fachleute sagen, verkündet. Spitzkraut geht einem da schon einfacher von der Zunge. Wenngleich schon der lateinische Name vermuten lässt: Hier steckt etwas Besonderes dahinter. Andernfalls würden sich die Na-

Feiner in der Struktur, milder im Geschmack: Filderspitzkraut

Beim Wetthobeln fliegen die Fetzen.

mensgeber wahrscheinlich mit dem Zusatz »vulgaris« für »gewöhnlich« zufrieden gegeben haben. Haben sie aber nicht.

Was aber viel wichtiger ist, das Filderspitzkraut kam wieder ins Gerede und zwar im positiven Sinn. Köche entdeckten das Spitzkraut ganz neu. Nicht als Unterlage für die Schlachtplatte, sondern fein zubereitet als Beilage für den Zander, als Beigabe zum Rostbraten, für die Maultäschchen, zubereitet im Wok, als Salätchen, im Blätterteig, mit Tofu, als Strudel, als Fleckerl, als Suppe, als Tarte oder, oder, oder. Die Liste ließe sich beliebig fortsetzen.

Heute hat das Spitzkraut wieder einen Stellenwert in den Küchen der Republik. Ja, nicht einmal die Sterneköche bekommen spitze Finger, wenn's ums Spitzkraut geht, sondern greifen gerne zu, um ihre Kreationen aufzupeppen oder abzurunden. Der Regionalitätsgedanke ist dafür mit Sicherheit auch verantwortlich.

Auch das wachsende Bewusstsein für gesunde Ernährung war ein guter Nährboden, um das Interesse an Sauerkraut im Allgemeinen und an Spitzkohl im Besonderen sprießen zu lassen. Die Liste an für den menschlichen Körper wertvollen Ingredienzien ist umfangreich: Eiweiß, Zucker, schwefelhaltiges Öl, die Mineralstoffe Calcium, Kalium, Magnesium, Natrium, Phosphor, Spurenelemente Jod und Eisen, zudem Provitamin A und die Vitamine B1, B2 und B6. Besonders hervorzuheben ist der Gehalt an Vitamin C und Folsäure. Nicht zu vergessen die sekundären Pflanzenstoffe, die für die Gesundheit des Menschen sehr zuträglich sein sollen.

Köche entdecken das alte Spitzkraut neu

Wer sich alle feinen Inhaltsstoffe des Spitzkohls erschließen will, sollte ihn zum einen roh und zum anderen vergoren als Sauerkraut essen. Denn durch die Milchsäurevergärung werden Stoffe gebildet, die im Rohgemüse gar nicht enthalten sind. Laut einer finnischen Studie aus dem Jahre 2002 entstehen beim Vergären sogenannte Isothiocyanate. In Tierversuchen an Mäusen konnten diese Stoffe offensichtlich Krebswachstum in Brust, Darm, Leber und Lunge bremsen. Die Wissenschaftler des Forschungszentrums MTT des finnischen Agrarministeriums hoffen nun, analoge Wirkungen beim Menschen bestätigen zu können. »Spiegel online« berichtete damals noch von einer anderen Untersuchung an Polinnen. Statistiken sollen gezeigt haben, dass Polinnen in ihrem Heimatland seltener an Brustkrebs erkranken als polnischstämmige Frauen in den USA. Den Unterschied hatten die Wissenschaftler mit einem höheren Krautkonsum in Polen begründet.

Die finnischen Wissenschaftler wollten die Wirkung des Krauts sogar noch steigern. Ihre Chance sahen sie dabei in der Optimierung des Gärungsprozesses. Der gute alte Kohl, insbesondere der Spitzkohl, scheint also noch für so manche Überraschung gut zu sein.

Apropos alt. Seit wann gibt es eigentlich Sauerkraut und wo kommt es her? Was die Standortbestimmung angeht, ist der Fall für unseren berühmten Dichter Ludwig Uhland glasklar: *Auch unser edles Sauerkraut, / wir sollten's nicht vergessen. / Ein Deutscher hat's zuerst gebaut, / drum ist's ein deutsches Essen.*

Doch Uhland täuschte sich. Die heutige Forschung sieht das anders, ist sich aber bezüglich des Ursprungslandes auch nicht im Klaren. Mal wird China ins Spiel gebracht, mal wird gemutmaßt, dass jeder Kulturkreis der Welt es für sich selbst entdeckt haben könnte. Sei es bewusst gewesen oder per Zufall. Als erste historisch belegte Quelle wird der berühmteste Arzt des Altertums, Hippokrates, genannt. Zeit: Um 400 v. Chr. Auch von den Römern sind etliche Quellen bekannt. Catos »De agricultura« beispielsweise oder die »Naturalis historiae libri« des Gaius Plinius Secundus, der sich umfassend über Sauerkraut ausgelassen hat. Alles zusammen lässt auf eine verbreitete Herstellung von Sauerkraut schon vor über zweitausend Jahren schließen. Compostum hieß bei den Römern alles eingelegte Gemüse, und so soll ungefähr im 11. Jahrhundert das Sauerkraut unter dem lateinischen Namen Kompost, Kumbost oder auch Gumpest in das Gebiet des heutigen Deutschland gekommen sein. Das allerdings will man fast nicht glauben. Denn was in Rom normalerweise für gut befunden wurde, war alsbald auch in den weit entfernten Provinzen bekannt. So gesehen müsste das Sauerkraut hier schon zur Römerzeit bekannt gewesen sein. Vielleicht können hier einmal die Archäo-Botaniker weiterhelfen.

Im 15. Jahrhundert gab es im Elsass einen speziellen Fastentag, an dem nur Sauerkraut erlaubt gewesen sein soll, der sogenannte Gumposttag. Im 18. Jahrhundert waren es Seefahrer wie James Cook, die das Sauerkraut besonders schätzen lernten. Auf den langen, entbehrungsreichen Fahrten über die Meere konnten sie sich mit dem eingelegten Kohl die Vitaminmangelkrankheit Skorbut einigermaßen vom Hals halten. Aber sie hatten noch nicht das feine Spitzkraut von den Fildern dabei.

Das reiste im Jahr 1883 zwar auch schon um die halbe Welt, niemand durfte jedoch davon kosten. Dieses Kraut sollte keine Krankheit vertreiben, vielmehr wollte ein Marketing-Genie sich und der Welt etwas beweisen. Hermann Fein, Kaufmann und Inhaber der Samenfabrik Schoell in Plieningen (heute direkt neben dem Stuttgarter Flughafen gelegen), war es, der 1883 die erste Sauerkrautfabrik auf den Fildern gegründet hat. Hier wurde das Filderspitzkraut in großem Stil über den Krauthobel gezogen und traditionell eingeschnitten, in großen Holzbehältern eingesalzen, vergoren und in 25 Liter fassende Holzfässer abgefüllt verkauft. So ein Fass mit der Aufschrift »Feins Delikatess-Fildersauerkraut« hat Hermann Fein dem Fuhrmann Wilhelm Hertig für eine große Reise übergeben: Plieningen via Stuttgart, Hamburg nach Australien und wieder zurück auf die Fildern. Stramme zwei Jahre dauerte das Unternehmen. Und es war erfolgreich. Fein stemmte sein weitgereistes Fass auf und das Kraut war – auch nach zwei Jahren noch genießbar. Dieses Experiment war der Deutschen Landwirtschaftsgesellschaft bei der Landwirtschaftsausstellung auf dem Cannstatter Wasen im Jahre 1896 den ersten Preis für Dauerware wert.

Zu den Kunden zählten noble Hotels in Paris

Dem württembergischen König Wilhelm II. blieben Feins Verdienste um Dauerware nicht verborgen. Höchstpersönlich wurde der »Filderer« von seiner Majestät am 25. Februar 1902 deshalb zum Königlichen Hoflieferanten ernannt. Feins Kraut war damit geadelt und was geadelt wird, muss etwas Besonderes sein, so wurde auch jenseits der württembergischen Grenzen messerscharf geschlossen. Fein hatte also mit seinem spektakulären Dauerversuch gleich noch sein Auslandsgeschäft begründet. 1906 warb er bereits mit dem Namenszusatz »Überseeischer Export«. Zu den Kunden zählten offenbar auch noble Hotels und Restaurants in Paris, wie ein altes Foto bezeugt. Es ist um 1910 entstanden. Es zeigt einen Mitarbeiter Feins neben einem Krautfass, das die Aufschrift »Paris« trägt.

Mit Beginn des Ersten Weltkrieges war schlagartig Schluss mit dem internationalen Geschäft. Der Sauerkraut-Handel war von der Regierung verstaatlicht worden. Das hieß aber nicht, dass die Krautbauern ihre Hände hätten in den Schoß legen können, ganz im Gegenteil. Der Anbau wurde stark ausgeweitet. Johann Wacker, ein Hohenheimer Professor, schrieb 1915: »Heute ist es so, dass in der Hochsaison der Krauternte, das heißt in der Zeit von Mitte September bis Ende Oktober, Tag für Tag Hunderte von Eisenbahnwaggons Kraut auf den Filder-Bahnhöfen zum Versand gebracht werden.«

Bleibt immer noch die Frage: Seit wann gibt's denn die von der Natur so hübsch geformten Spitzkrautköpfe überhaupt? Auch hier die Antwort: Was Genaues weiß man nicht. Spekuliert wird, dass die Mönche des benachbarten Denkendorfer Klosters diese spitze Form des Kohls auf den Weg gebracht haben. Wie gesagt, eine Vermutung. Die erste schriftliche Erwähnung

Filderspitzkraut ist ein Kunstwerk der Natur.

stammt aus dem Jahre 1772. Der Bernhäuser Pfarrer Bischoff schrieb damals über den Krautanbau auf den Fildern: »Das weiße Spitzkraut ist das einzige, welches hier gepflanzt wird. Was das Filderkraut besonders geschätzt macht, ist seine feine Zartheit in den Blättern, seine weiße Farbe und überhaupt ein besserer Wohlgeschmack, worin es sich von dem in anderen Gegenden Gepflanzten auszeichnet.«

Fast zweihundertfünfzig Jahre ist das Filderspitzkraut also bekannt, Samen dafür gibt es aber immer noch nicht zu kaufen. Seit Jahr und Tag stellen die Bauern den selber her. Jeder Betrieb hat also seine eigene Spitzkraut-Haussorte und seine Vorliebe für eine besondere Form oder Gewichtsklasse. »Wenn man nur die Spitzköpfe (die »Haible«, wie der Filderbauer sagt) sieht, weiß jeder gleich, wer sie produziert hat«, erklärt Helmut Gehrung, landwirtschaftlicher Obmann in Plieningen. Jeden Herbst werden die schönsten Köpfe ausgelesen und unter besonderer Aufsicht über den Winter auf dem Hof gelagert. Im Frühjahr werden sie auf dem Feld eingegraben. Sie blühen im Sommer aus. Die Samen werden dann im August von Hand abgeerntet. »Bei uns ist das Chefsache«, sagt Christa Gehrung, Helmuts Frau und nebenher noch Chefin der Stuttgarter Landfrauen. »Ich darf allenfalls das Leinensäckle aufhalten und mein Mann schneidet die Samen dann rein.«

Wie heilig diese Samen der jeweiligen Familie sind, zeigt sich auch an der Stecklingsproduktion. So, wie beim Rundkraut teilweise praktiziert, könnten die

Spitzkraut erfordert gegenüber Rundkohl wesentlich mehr Handarbeit.

Bauern den Samen an einen professionellen Vermehrungsbetrieb geben, der die Setzlinge produziert. Hier haben sie dann aber keine Kontrolle mehr darüber, was mit *ihrem* Samen passiert. Sind die gelieferten Setzlinge dann wirklich aus dem eigenen Samen, würden sich die Bauern fragen. Und weil sich diese Frage nicht beantworten lässt, machen sie weiter ihren Samen selbst und der wird bis zur nächsten Aussaat im März gehütet wie der eigene Augapfel.

Übrigens: Die Samen und Setzlinge verlassen üblicherweise die Fildern nicht. Mit einer Ausnahme. Ums Jahr 1980 passierten Samen sogar die Staatsgrenze nach Frankreich. Seither gibt es außer auf den Fildern auch in Manosque in der Camargue, der Partnerstadt von Leinfelden-Echterdingen, noch Spitzköpfe.

Am heutigen Samstagmorgen Anfang Oktober spielt die Musik allerdings in Filderstadt-Bernhausen. Mitten im Wohngebiet steht die Sauerkonservenfabrik von Fritz Schlecht. Bis vor drei Jahren war er noch der einzige Betrieb auf den Fildern, der Spitzkraut verarbeitete. Inzwischen hat sich die Sauerkonservenfabrik Kimmich im benachbarten Aichtal auch wieder der Spitzkrautverarbeitung angenommen. Insbesondere Junior Jörg fühlt sich der Tradition verpflichtet und will das Erbe pflegen.

Vor Schlechts Fabrik steht ein Traktor mit zwei Anhängern. Oben schauen über die erhöhten Ladebordwände Spitzkrautköpfe in frischem, hellem Grün heraus. Schön zu einer Pyramide geschichtet. »Da sieht man schon von weitem, ob da ein Bauer alten Schlags hinter dem Lenkrad sitzt«, weiß Fritz Schlecht. »Wer seinen Stolz hat, der fährt hier mit schönen Kohl-Pyramiden vor. Die, die's nicht mehr so genau nehmen, haben einfach einen Haufen oben drauf.«

Zwischen Fabrik und Krautanhänger ist ein laufendes Förderband. Der Bauer entlädt seinen Anhänger mit einer zweizinkigen Gabel und schubst die Krautköpfe auf das Band. Nach kurzer Strecke sollen die

Köpfe um die Ecke biegen, um in den ersten Stock der Fabrik zu gelangen. Hier taucht aber schon das erste Problem der Weiterverarbeitung auf. Wo ein Rundkohl einfach um die Ecke biegt, da verkeilt sich der Spitzkopf und braucht immer wieder Hilfestellung. Fritz Schlecht hilft ihnen auf die Sprünge.

Im ersten Stock des Gebäudes. Maschinenlärm. Fünf Mitarbeiter in weißen Hauben, weißen Gummistiefeln und weißen Gummischürzen stehen an Bändern. Aus der Wand kommt das Förderband von unten von der Verladestation. Zwei Männer nehmen die Krautköpfe ab und setzen sie auf das Bohrförderband. Mit der Spitze nach oben, Strunk nach unten, werden sie auf Teller gesetzt, die in der Mitte ein großes Loch haben. Durch diese Öffnung frisst sich einige Meter weiter von unten ein Bohrer in den Krautkopf und bohrt den Strunk heraus. Doch weil ein Spitzkrautkopf nicht von Ingenieuren gebaut ist, sondern von der Natur, klappt das nicht immer hundertprozentig. Die Reste des holzigen Strunks müssen dann die beiden Mitarbeiter am nächsten Band entfernen, mit zwei riesigen Küchenmessern.

Spitzkraut erzielt den doppelten Preis

Dann kommt die eigentliche Einschneidemaschine. Drei Köpfe haben in einer Art Karussell ihren Platz. Der fünfte Mann bestückt sie. Aber auch hier lassen sich die Köpfe gerne bitten. Sprich: Der Maschinist muss ständig Hilfestellung leisten, damit das Schnittgut richtig von den Messern erfasst werden kann. Der Chef erklärt mit eindrucksvollen Zahlen, wie viel Mehraufwand der Spitzkohl gegenüber dem Rundkohl braucht: In der Zeit, in der beim Rundkohl 15 Tonnen eingeschnitten werden, laufen beim Spitzkohl gerade mal fünf Tonnen über die Bänder.

Trotzdem: Damit die Bauern die Spezialität »Filderspitzkraut« anbauen und sich die Arbeit lohnt, kriegen sie von Schlecht gegenüber Rundkraut fast doppelt so viel Geld. Ausgefuchst wird der Preis während der Saison jeden Montag, wenn das »Krautpreis-Komitee« tagt. Aus jeder Kraut produzierenden Gemeinde kommt ein Vertreter, dazu die Krautfabrikanten. »Dann wird um jeden Pfennig gefuchst«, weiß Helmut Gehrung, der lange Zeit für die Plieninger im Komitee war.

Das frisch geschnittene Filderspitzkraut verbreitet auf dem nächsten Förderband einen sehr frischen, leicht säuerlichen Duft. Einen traumhaften Krautsalat würde das geben. Doch hier ist keine Zeit für Gedanken an einen Krautsalat. Das Band läuft mal wieder um die Ecke. Ecken sind jetzt aber kein Problem mehr, denn das Kraut des Spitzkohls ist inzwischen so handlich wie das des Rundkohls. Es ist schließlich fein geschnitten.

Ab jetzt sind die Bearbeitungsschritte die gleichen wie beim Rundkohl. Bevor das Förderband das frisch gehobelte Kraut durch einen Kanal ins Erdgeschoss entlässt, wird über eine vibrierende U-Schiene Salz beigemengt. Eine Etage tiefer sorgt ein weiterer Mann mit großer Gabel, dass das herabfallende Kraut gleichmäßig und ordentlich in den Gärsilo gestapelt und gestampft wird. Nach zehn Tagen der Milchsäuregärung bei 18 Grad hat sich der Spitzkohl in Sauerkraut verwandelt, wird noch blanchiert, in Dosen gefüllt und bei 85 Grad Hitze pasteurisiert. Und dann hält das Kraut sogar länger als das von Fein nach Australien geschickte. Mindestens doppelt so lang, wahrscheinlich aber noch wesentlich länger.

Wichtige Internetadressen

www.filder-spitzbueble.de
www.kimmichs.de
www.leinfelden-echterdingen.de
www.linde-doernach.de

Übrigens: Das Krautfest in Leinfelden-Echterdingen findet immer am dritten Wochenende im Oktober statt.

Zanderfilet auf Filderspitzrahmkraut

mit Kartoffeln und Möhren

Für das Zanderfilet:
700 g Zanderfilet mit Haut, geschuppt
Mehl
2 El Olivenöl

Für die Gemüsebeilage:
12 mittelgroße Kartoffeln (Eiergröße), gekocht und geschält
4 Möhren, gekocht
Butter
Etwas Fleischfond
1 Bund Petersilie, gehackt
12 Lorbeerblätter zur Deko

Für das Filderspitzkraut:
400 g frisches Filderspitzkraut, eingelegt oder aus der Dose
1 El Schweineschmalz
80 g Speck, in Würfel geschnitten
1 mittelgroße Zwiebel, in Würfel geschnitten
150 ml Weißwein
150 ml Wasser
2 Lorbeerblätter
4 Wacholderbeeren
2 Pimentkörner
250 ml Sahne

Salz, Pfeffer, Zucker

Der gute alte Goethe. Wofür musste er nicht schon herhalten? Für Hochgeistiges, für Banales, für Genüsse aller Art. Nur für eins taugt er nicht – fürs Sauerkraut. Verhasst war es ihm und verdrossen ging er vom Tisch, wenn es ihm womöglich auch noch zum wiederholten Male serviert wurde, so wie bei der öfters visitierten Herzogin Amalie. Ihr Koch hatte ein Faible für Sauerkraut.

Und das ist beim Ein-Sterne-Koch der »Linde« nicht anders. Das Restaurant liegt in Pliezhausen-Dörnach, am südlichen Rand der Filderebene. Der Unterschied zum herzöglichen Leibkoch: In der »Linde« hätte es vielleicht sogar Goethe geschmeckt, denn erstens ist das Filderspitzkraut dem einst zur Wahl gestandenen Kohl durch seine Zartheit und seinen feineren Geschmack mit Sicherheit überlegen und zweitens wäre Goethe durch Andreas Goldbachs Zubereitungsart überwältigt gewesen. Wir freuen uns jedenfalls auf das Goldbach'sche Zanderfilet auf Filderspitzrahmkraut.

Goldbach erhitzt das Schweineschmalz und dünstet darin die Zwiebel- und Speckwürfelchen glasig an. Das Filderspitzkraut holt er aus dem Abtropfsieb.

Andreas Goldbach

»Egal, ob das Kraut aus dem Steinguttopf oder aus der Dose kommt, in jedem Fall wässern«, empfiehlt der »Linde«-Chef. »Die Säure muss raus, je nach Belieben deshalb entweder nur kurz mit kaltem Wasser abschwenken oder bis zu drei Stunden vorher wässern. Das muss jeder für sich entscheiden«, fährt Goldbach fort und gibt das abgetropfte Kraut unter Zischen und Dampfen in den Topf. Anschwitzen, mit Wasser auffüllen und leicht kochen lassen. Wein und Gewürze zugeben und das Kraut kochen, bis es weich ist. Den Kochsud abgießen und

mit der Sahne einkochen lassen. Ist die Rahmsoße fertig, dann das Kraut wieder zugeben, abschmecken mit Pfeffer, Salz und Zucker. Kraut nicht mehr kochen lassen, nur warm halten, rät der Meister. Denn: Bei zu großer Hitze gerinnt sonst die Sahne – wegen der Milchsäure im Sauerkraut.

Das portionierte Zanderfilet salzen, pfeffern und leicht mehlieren und mit der Hautseite in Olivenöl zuerst anbraten, bis die Haut kross ist. Dann wenden und den Zander fertig braten.

Andreas Goldbach, der seit 1990 seine Runde um Stuttgart dreht – als Souschef auf Schloss Solitude, als Küchenchef in der Hohenheimer »Speisemeisterei« und als Küchenchef und Küchendirektor in der Zirbelstube im Hotel »Schlossgarten« in Stuttgart –, richtet jetzt das Sauerkraut in der Mitte des Tellers an. Die Kartoffeln und Möhren, die er zuvor in etwas warmer Butter, einem Schuss Fleischfond und gehackter Petersilie angeschwenkt hat, legt er ums Kraut. Das Zanderfilet darf es sich schließlich auf dem Bett von Filderkraut bequem machen. Die aufgeschäumte Rahmsoße tut ein Übriges für Optik und Geschmack.

Man kann sich nicht vorstellen, dass diese Krautvariation nicht auch dem alten Goethe gemundet hätte. Was aber viel wichtiger ist: Es wird auch Ihnen schmecken. *Guten Appetit!*

Geißhirtle

»Kennst du Geißhirtle?« »Was für Dinger?« »Geißhirtle. Du kannst aber auch Rousselet de Stoutgart, Chevriers de Stoutgart, Poire de Stoutgart, Stuttgarter Russelet, Honigbirne, Hutzelbirne oder Zuckerbirne dazu sagen, das ist alles ein und dieselbe Birne.« »Nie gehört«, kommt die Antwort von Jana.

Jana, unsere Praktikantin, ist 25, aber auch bei wesentlich älteren Menschen kann das Gespräch so ablaufen. Weil ich weiß, dass Jana jeden Tag über den Tübinger Marktplatz läuft, bitte ich sie, die Augen offenzuhalten und zu schauen, ob es schon Geißhirtle gibt. Sage ihr aber auch gleich, dass sie relativ genau hinschauen muss, weil's die garantiert nicht an jedem Stand gibt. Es ist Mitte August, es könnten also schon welche angeboten werden.

Am nächsten Tag kommt sie strahlend zur Tür herein und drückt mir eine Markttüte in die Hand. Ich glaube es nicht. Sie hat tatsächlich Geißhirtle mitgebracht.

»Die schmecken ja superklasse«, schwärmt Jana, »da hab ich mir und meiner Mama auch gleich ein paar gekauft. Der Verkäufer hat mir erklärt, die könne ich mit Stumpf und Stiel aufessen. Also, der Stiel müsse nicht unbedingt sein, hat er gemeint. Ich hab's probiert. Null Problem. Die Kerne sind so klein und das Kernhaus so zart. Meine Mama wusste sofort, wovon ich rede. Sie kennt die Birnen noch von ihrer Mutter. Die hat scheinbar noch Schnitzbrot draus gemacht und sie zum Einmachen verwendet, aber das habe ich nicht mehr erlebt.« »Schade«, sag ich, »da ist dir einiges rausgegangen. Aber es ist noch nicht zu spät, zu erleben, wie Schnitzbrot hergestellt wird. In der Weihnachtszeit wird überall das Schnitz- oder Hutzelbrot angeboten. Nur, es gibt ganz große Unterschiede in Qualität und Geschmack. Nicht jeder Bäcker hat das richtige Händchen dafür und nicht jeder nimmt so viele und so gute Zutaten, wie es deine Oma wahrscheinlich gemacht

Geißhirtle schmecken am besten direkt vom Baum.

hat. Aber vielleicht hast du ja Spaß daran, es einmal selber zu probieren.« »Das probier ich aus, da bin ich jetzt richtig gespannt drauf«, jubelt Jana ganz euphorisch. »Weißt du denn, bei wem du die Geißhirtle gekauft hast?«, frag ich sie. »Hast du einen Namen oder eine Firmenbezeichnung des Produzenten?« Sie schüttelt den Kopf. »Da hab ich natürlich nicht aufgepasst, ich war ja schon so glücklich, dass ich die Dinger gefunden habe. Aber ich schau heute Mittag nochmal danach«, versichert sie mir. »Prima«, sag ich, »ich würd' mich

Geißhirtle sind nicht immer und nicht auf jedem Markt zu finden.

nämlich gern mal mit einem Produzenten unterhalten und ihn fragen, wie's denn in der heutigen Zeit so um die Traditionsbirne bestellt ist.«

Kaum eine Stunde später wusste ich, wo die traumhaft schmeckenden Geißhirtle herkamen: aus Stuttgart-Uhlbach. Und schon am nächsten Wochenende habe ich mich mit Markus Nanz auf seinem Obsthof in Uhlbach verabredet.

»Das ist die bestbezahlte Birne auf dem Stuttgarter Großmarkt«, leitet Markus Nanz seinen Vortrag ein. Der Endverbraucher zahlt für dieses Nischenprodukt zwischen drei und fünf Euro pro Kilo. Eine Delikatesse«, schwärmt auch er, »die es leider nur maximal vier Wochen im Jahr gibt. Normale Birnen bringen nur den halben Preis, man darf aber auch nicht vergessen, bei den Geißhirtle muss man wegen ihres Kleinwuchses auch doppelt so viel sammeln, bis man ein Kilo hat.«

Auch vom Handling her seien die Birnen relativ anspruchsvoll, weil sie schnell mehlig werden, wenn sie reif sind. »Geißhirtle muss man relativ grün ernten. Lieber noch etwas nachreifen lassen. Am allerbesten sind sie natürlich direkt vom Baum. Ein unvergleichlicher Geschmack. Fast wie Honigmelone«, lobt Nanz diese alte Birne in anhimmelnder Weise und verdreht dabei die Augen, als würde er von seiner Geliebten sprechen. »Werden denn heutzutage noch neue Geißhirtle-Bäume gepflanzt?«, will ich wissen. »Ja, es werden wieder vermehrt Geißhirtle-Plantagen angelegt, aber nur als Niederstämme. Alles andere ist nicht mehr wirtschaftlich«, sagt Nanz und zeigt auf einen der hohen Bäume auf dem Nachbargrundstück. »Die Ernte von diesen hohen und weit ausladenden Bäumen ist verdammt mühsam und dauert eine Ewigkeit, weil man ständig die Leitern umsetzen und sichern muss. Es ist darüber hinaus auch mächtig anstrengend und sehr gefährlich. Da fallen die Erntehelfer reihenweise von den Bäumen und brechen sich alle Knochen.« Angeblich halten Krankenhäuser in der Nähe von großen Obstanbaugebieten wie dem Bodenseeraum in der Erntezeit sogar eine Menge Betten frei für die, die

Geißhirtle eignen sich als Frischund als Dörrobst und besonders als Hutzeln fürs beliebte Schnitzbrot.

sich an morschen oder zu schwachen Ästen festhalten wollen oder ihre Leiter nicht richtig gesichert haben.

Junge Hochstämme seien für einen hauptberuflichen Obstbauern aber auch deshalb nicht wirtschaftlich, weil sie doppelt und dreimal so lange brauchen, bis sie Früchte tragen. Deshalb wird auch keine Vermehrung über Sämlinge gemacht, weil die garantiert zum Hochstamm würden. Die trieben so lange ihre Schösslinge aus, bis sie ihre endgültige Höhe erreicht hätten. Und das könne dauern, meint der Fachmann. Deshalb veredelt man Geißhirtle auf sogenannten »Quitte A oder C«-Unterlagen. Die wollen anscheinend nicht in die Höhe schießen. Außerdem hat die Veredelung – dabei werden ausgesuchte, einjährige Triebstücke eines Geißhirtlebaums als sogenannte »Edelreiser« auf den gewünschten Mutterbaum, in dem Fall die Quitte, aufgepfropft – den Vorteil, dass die Bäumchen nachher erbfest sind, also die durch lange Auslese erzielten Sorteneigenschaften erhalten bleiben. Bei der generativen Vermehrung über Samen ist das nicht der Fall, denn hier greift wieder das »Mendel'sche Gesetz«. Keine Angst, wir vertiefen das jetzt nicht.

Dem Käse ein exzellenter Begleiter

Aber ein Blick in die Vergangenheit sei gestattet, in die Richtung, aus der das Geißhirtle, Geishirtle, Gaißhirtle, Gaishirtle oder auch Goaßhirtle kommt. Auf den Märkten können Ihnen alle Schreibweisen begegnen. Und mit dem Duden kommt man hier auch nicht weiter. Der Blick zurück ist dementsprechend diffus. Die Geschichtsschreiber reden von einer alten süddeutschen Sorte, die um das Jahr 1750 als Zufallssämling von einem Ziegenhirten, daher auch Geißhirtle, in der Stuttgarter Umgebung gefunden worden sein soll. Der Baum soll das Weinbauklima lieben, warme und nährstoffreiche Böden, ansonsten sei er eher anspruchslos. Es sind aber auch höhere Lagen über fünfhundert Meter möglich. Wenn der Baum in solchen Höhen durchhält, belohnt er die Besitzer mit speziellen Aromen, die den größeren Temperaturunterschieden zwischen Tag und Nacht geschuldet sind. Die Fachleute beschreiben sie jedenfalls als eine vielseitig verwendbare Sommerbirne.

Wie gesagt, frisch vom Baum schmeckt sie wahrscheinlich am besten. Dem Käse ist das Geißhirtle ein exzellenter Begleiter. Als Kompott oder Eingemachtes eignet sich die Frucht ebenso wie als Marmelade. Die älteste Form der Haltbarmachung ist das Trocknen, wozu die Geißhirtle auch hervorragend geeignet sind: entweder ganz, halbiert oder geviertelt. Bei dieser Form der Konservierung bleiben natürlich am meisten Inhaltsstoffe erhalten, bis hin zu den empfindlichen Vitaminen. Das Aroma verstärkt sich durch den Wasserentzug. Als Trockenfrüchte eignen sie sich für die kleine Zwischenmahlzeit vorzüglich, anstelle von Chips oder Schokolade.

Bleibt noch der Geißhirtle-Brand – ein ganz edles Wässerchen. Als Spezialist sei hier natürlich wieder Jörg Geiger in Schlat bei Göppingen genannt, der auf dem Gebiet der Edelbrände ein ausgewiesener Fachmann ist (siehe dazu das Kapitel »Champagner Bratbirne«).

Einer fehlt noch: unser Professor Roman Lenz von der Hochschule Nürtingen. 2008 hat die Stuttgarter Vereinigung von Slow Food Deutschland das Geißhirtle als Passagier in der »Arche des Geschmacks« platziert. Zudem kümmert sich auch der »Verein zur Erhaltung und Förderung alter Obstsorten e. V. Stuttgart« darum. Also keine schlechten Aussichten für die Zukunft der alten Hutzelbirne.

Wichtige Internetadressen

www.lamm-schlat.de
www.logl-bw.de
www.manufaktur-joerg-geiger.de
www.pomologen-verein.de
www.simon-pfaffenhofen.de

Übrigens: »Die Obstler«, eine Interessengemeinschaft von über hundert Personen in Pfaffenhofen bei Neu-Ulm (www.simon-pfaffenhofen.de), versuchen vom Aussterben bedrohte Obstbäume wieder zum Leben zu erwecken. Rund hundert verschiedene Obstsorten haben sie in ihrem »Obstbaum-Museum« angepflanzt. An jedem Baum wurde eine Informationstafel angebracht. Besonderen Wert haben »Die Obstler« auf schwabentypische Sorten gelegt.

Birnen-Mousse

Für das Birnen-Mousse:

5	Blatt weiße Gelatine
250 g	Birnenmus
1	Vanilleschote
30 g	weiße Kuvertüre
2	Eigelb
75 g	Zucker
0,25 l	Sahne
2	Eiweiß
2 cl	Geißhirtlesbrand
1	Prise Salz

Für die Garnitur:

4	Geißhirtle geschält, aber mit Stiel
	etwas Zimt oder Puderzucker
	Schokoladenstreusel

Ein zweites Mal haben wir bei Jörg Geiger im »Lamm« in Schlat vorbeigeschaut. Er hat uns sein Rezept für Birnen-Mousse verraten.
Dazu weichen wir zunächst die Gelatine ein und schmelzen die weiße Kuvertüre im Wasserbad. Das Mus zusammen mit der ausgekratzten Vanilleschote aufkochen und passieren. Die Kuvertüre in das Mus rühren und kalt stellen. Dann die Eigelbe zusammen mit dem Zucker im Wasserbad schaumig schlagen und die ausgedrückte Gelatine unterrühren. Ebenfalls kalt stellen. Eiweiß und Sahne jeweils steif schlagen. Kurz bevor die Gelatine im Ei-Zucker-Gemisch bindet, die restliche Masse vorsichtig unterheben und mit dem Geißhirtlesbrand parfümieren. Jetzt den Eischnee und zuletzt die Sahne einarbeiten. Zuerst ein Drittel der Sahne und dann den Rest unterheben. Auf die Gläser verteilen und ca. zwei Stunden im Kühlschrank abgedeckt durchkühlen und stocken lassen.

Jörg Geiger

Kurz vor dem Servieren die reifen Geißhirtle schälen, aber darauf achten, dass der Stiel dranbleibt. Untere, also die dickere Hälfte, abschneiden. Falls noch Reste des Kernhauses in der Birne sind, diese mit Messer oder Löffel entfernen. Dann die Birnenhälfte (wie auf dem Bild zu sehen) auf die Mousse setzen, mit etwas Zimt oder Puderzucker oder, je nach Geschmack, auch mit beidem bestreuen. Schokostreusel oder -raspel auf die Mousse geben. Fertig.

Je nach Jahreszeit und vorhandenen Zutaten ist freilich auch eine ganz andere Dekoration möglich. Es dürfen auch gekochte Birnen oder solche aus dem Glas, in Alkohol eingelegte oder mit Schokolade überzogene sein. Der Fantasie sind keine Grenzen gesetzt.

Guten Appetit!

Fränkischer Grünkern

Die Treppe knarrt unter schweren Schritten. Sie hören sich heute so gar nicht nach dem sonst so vitalen Bauern Veith an. Aber er ist es. Seine Frau Maria wartet bereits mit dem Vesper auf ihn. Krautsuppe und Haferbrei gibt es. Veith kommt zur Tür herein, seine Miene passt zu den schweren Schritten. Verzweiflung steht ihm ins Gesicht geschrieben. Seinen patschnassen Filzhut wirft er über den Haken an der Wand, ebenso seinen triefenden Umhang. Die nassen und dreckigen Stiefel vervollständigen das Bild noch.

Der Ursprung bleibt im Dunkeln der Geschichte

»Was ist los mit dir, bist du krank, so kenn ich dich gar nicht«, fragt Maria. »Der ewige Regen, der verdirbt uns den ganzen Dinkel. Wenn das weiter so runterkübelt, verfault mir das Korn schon auf dem Halm. An vielen Stellen liegt das Getreide bereits auf dem Boden. Ich weiß nicht, wie ich das noch retten soll. Das letzte Jahr war schon schlecht. Wenn's jetzt wieder nichts wird, sind wir bald am Ende«, jammert Veith. »Jetzt haben wir schon den Dreißigjährigen Krieg überlebt, dann schaffen wir das auch noch«, versucht Maria ihr sonst so standhaftes Mannsbild wieder aufzumuntern. »Iss erst mal was, dann wird uns schon noch etwas einfallen«, rät Maria und zieht sich hinter ihre hohe Denkerstirn zurück. Nach einer Weile stummen Breimümmelns fährt sie fort: »Du, wir trocknen doch die Birnen im Backofen, die Zwetschgen, die Schlehen und den Flachs auch. Bevor das Korn nur noch den Mäusen ist, holen wir es gleich grün rein und trocknen es.« Veith: »Die Birnen und Zwetschgen trocknen wir aber nicht unreif«. »Ich weiß, aber lass es uns doch wenigstens mal probieren, bevor alles verloren ist«, fordert Maria ihren Mann auf.

So recht passen will dem Veith das noch nicht, aber beim genaueren Überlegen stellt er fest: Er hat gar keine andere Wahl. Es regnet die ganze Nacht durch und am nächsten Tag sind die Himmelsschleusen immer noch offen. Das erleichtert Veiths Entschluss. Sein Weib hat wahrscheinlich doch wieder einmal Recht.

Der Dinkel wird von des Ackers Nässe befreit. Alles ist eine Riesensauerei, aber so hat Veith wenigstens noch was von seinem Korn. Es wird getrocknet und sieht inzwischen wieder recht passabel aus. Olivgrün. Wenigstens ein Großteil. Manche Körner haben wohl etwas zu viel Hitze abgekriegt, die sind schon recht dunkel. Fürs Brotbacken taugt der Grünkern nicht, das hat sich schnell herausgestellt, aber als Suppeneinlage oder für Bratlinge reicht's allemal. Später entscheiden sich Veith und Maria sogar, einen Teil des Dinkels künftig auch ohne Not schon früher zu ernten, so gut sagt ihnen der leicht rauchig-nussige Geschmack zu. Die Grünkern-Produktion ist geboren.

So oder so ähnlich könnte sich das einst abgespielt haben. In Zeiten von Facebook, Twitter und Google ist es freilich schwer zu verstehen, dass die Entstehung des Grünkerns nicht bis ins kleinste Detail dokumentiert ist. Klar ist jedenfalls: Erste Zeugnisse stammen aus dem Jahr 1660. Auf einer Kellereirechnung des Klosters Amorbach, heute eine Stadt im unterfränkischen Landkreis Miltenberg, taucht der Grünkern erstmals

Dinkelfeld in der »Teigreife«: Zeit zur Grünkernernte

als Marktartikel auf. Also unweit des heute noch bestehenden Grünkern-Anbaugebiets zwischen Odenwald und Tauber. Das heißt natürlich nicht, dass es erst seit dieser Zeit Grünkern gibt. Denn eine andere Theorie besagt, ein kleiner Teil des Getreides musste immer schon vor der eigentlichen Ernte abgemäht werden, um den anderen Bauern Zugang zu ihren Feldern zu verschaffen, denn Feldwege gab es zu dieser Zeit noch nicht. Diese Erfindung stammt aus dem 19. Jahrhundert. Um aber das grün gemähte Getreide nicht verderben zu lassen, könnte also schon viel früher die Idee des Grünkerndarrens aufgekommen sein. Wer weiß, vielleicht findet sich ja noch ein Beweis.

Nun müsste man annehmen, wenn ein Lebensmittel nachweislich schon 350 Jahre bekannt ist, kennt es inzwischen jeder. Das allerdings ist ein Trugschluss. Denn der Grünkern unterlag in dieser langen Zeit den verschiedensten Einflüssen. Seine Hochzeit erlebte er zwischen dem letzten Viertel des 19. Jahrhunderts und dem Ersten Weltkrieg. Bis auf 6000 Tonnen jährlich wurde die Produktion damals im Norden des heutigen Baden-Württemberg gesteigert. Rund

Grünkernernte: Die ganze Familie wird eingespannt.

Im Reffkasten werden Halme und Ähren voneinander getrennt.

50 Jahre später waren es gerade noch 500 Tonnen, also zwölf Mal weniger. Die Vollwertkostwelle in den 1980er Jahren erhöhte die Nachfrage wieder etwas, führte sogar kurzzeitig zu einem Boom, um sich bis heute bei 800 Tonnen jährlich einzupendeln, wie die Vereinigung fränkischer Grünkernerzeuger Boxberg vorrechnet. Angesichts einer Getreideernte 2010 in Baden-Württemberg von rund drei Millionen Tonnen (ohne Körnermais) geradezu eine homöopathische Dosis. Deshalb braucht sich auch niemand wundern, wenn der Grünkern bei vielen Menschen nicht ganz so präsent ist, von einer Ahnung über die Herstellung einst und jetzt ganz zu schweigen.

Dieses Defizit versucht das Odenwälder Freilandmuseum Walldürn-Gottersdorf beim jährlichen Grünkernfest im Juli auszugleichen. Wer dort hinkommt, denkt, die Zeit sei vor hundert oder zweihundert Jahren stehen geblieben, was aber durchaus beabsichtigt ist. Inmitten eines kleinen Dinkelackers machen sich dort drei Generationen einer Familie zu schaffen. Aufgeführt wird in diesem historischen Schauspiel heute: die Grünkernernte. Und zwar den ganzen Tag. Denn es sollen möglichst viele Menschen etwas davon haben, sehen, was das früher für eine Schinderei war.

Noch ist der Grünkern nicht in aller Munde

Es ist Mitte Juli, der Dinkel steht gerade richtig in der sogenannten Teigreife. Man unterscheidet beim Dinkel die Milchreife, Teigreife, Gelbreife, Vollreife und Totreife. Knackt man ein Korn mit dem Fingernagel und es kommt milchige Flüssigkeit heraus, spricht der Fachmann von Milchreife. Ist der Korninhalt, den man mit den Fingern herausdrücken kann, zähfließend bis fest, ist die Teigreife erreicht, der Zeitpunkt also, zu dem der Dinkel als Grünkern geerntet wird. Soll Dinkel Dinkel sein, wird er in der Totreife geerntet. Das Korn lässt sich in diesem Zustand mit dem Fingernagel nicht mehr eindrücken.

Wer nun nach einem Mähdrescher Ausschau hält, muss lange warten, den gibt's hier nämlich nicht. Eine scharfe Sichel ist das Gerät der Stunde. Oma in ihrem geblümten Bauernkleid bückt sich ganz tief, umfasst mit ihrer linken Hand so viele Dinkelhalme wie möglich und schneidet dieses Büschel mit der Sichel ab. Dieses schlanke Büschel nennt sich in der Bauernsprache »Hampfel« oder »Hämpfele«. Diese Hämpfele werden fein säuberlich kreuzweise abgelegt. Denn der Opa, der nebendran seine »Reffe« stehen hat, muss das Korn genauso portionsweise wieder aufnehmen können.

Seine Aufgabe ist, die Ähren von den Halmen zu trennen. Dazu zieht er das Getreidebüschel über einen engzahnigen Metallrechen, der umgeben ist vom hölzernen Reffkasten. Übrigens die Erfindung eines Bofheimer Schmieds aus dem Jahre 1882. Die Metallzähne sind so eng, dass die Halme noch durchpassen, die Ähren aber nicht mehr. Zieht der Opa das Hämpfele also durch die Reffe, reißt er die Ähren vom Halm. Die Ähren fallen durch den Reffkasten nach unten in eine Schütte. Ist sie voll, kippen sie die Enkel gemeinsam in einen Sack. Der Opa legt derweil das leere Stroh wieder ordentlich neben sich ab. Da kümmert sich jetzt die Tochter drum. Die knüpft nebenher ständig Strohseile von knapp einem Meter Länge, um aus den ährenlosen Hämpfele größere Strohbüschel zu binden, die anschließend zum Trocknen aufgestellt werden. Diese Hand-in-Hand-Arbeit geht so den ganzen Tag, die einzelnen Positionen werden aber ständig durchgewechselt, damit die Körperbelastungen nicht so einseitig sind.

Wenige Meter weiter schiebt ein Mann Holz in die Böschung. Beim genaueren Hinsehen offenbart sich hier die Anfeuerungsluke einer Grünkerndarre, die zwei Meter weiter an dieselbe Böschung angebaut ist. Es ist eine Originaldarre aus dem bauländischen Sindolsheim, wo sie 1920 gebaut worden war. Eine von Hunderten. Denn in der Blütezeit des Grünkerns, so um 1870, gab es etwa neunzig Grünkerndörfer mit teilweise über zwanzig Darren. Ins Freilandmuseum nach Gottersdorf wurde das Sindolsheimer Exemplar 1990 versetzt. Herzstück dieser Grünkerndarre ist zum einen besagter Hitze- und Rauchkanal, der von außen unter das kleine Häuschen geführt wird. Zum andern das Häuschen selbst. Es hat ein einfaches Satteldach gegen den Regen. Ansonsten können Wind und Wetter durch die weitgehend nur mit Latten und ein paar Brettern verschalten Wände ziehen. Das spartanisch ausgestattete Häuschen soll nur etwas Schutz vor Wetterunbilden bieten, ansonsten ist jeder froh, wenn der Rauch, der unterirdisch unter die Darrbleche geführt wird, auch ganz schnell wieder abziehen kann. Bei Windstille wartet man da allerdings vergeblich.

Die Darrbleche – das sind eiserne Bleche mit Löchern mit einem Durchmesser von weniger als einem halben Zentimeter, damit die Ähren und die bespelzten Körner nicht durchfallen können – sind auf einem Sockel mit vierzig Zentimeter hohem Mauerrand verlegt. In diese Darrbecken oder -mulden kippt der Darre-Chef vom Dienst jetzt seine Säcke mit dem frisch geernteten Grünkern aus und verteilt die Ähren sofort gleichmäßig über das Darrblech. Alle Ähren sollen gleichmäßig Hitze und Rauch des Buchenholzfeuers von außerhalb abbekommen. Von außerhalb deshalb, damit Darre samt Trockengut nicht abbrennen. Die Brandgefahr, die natürlich trotzdem immer latent vorhanden ist, war der Grund dafür, die Darren an die Ortsränder der Dörfer zu verbannen.

Das Darrgut muss ständig beobachtet werden

Das Darrgut muss unter ständiger Beobachtung stehen, muss ständig gewendet werden und das Feuer sollte so reguliert sein, dass idealerweise eine Temperatur von 57 Grad Celsius zwischen den Ähren durchstreicht. Wenn sich die Hitze zwischen fünfzig und sechzig Grad einpendelt, ist der Chef an der Darre aber auch schon zufrieden. Ziel ist es, die höchste von drei Qualitätsstufen zu erreichen: Das bedeutet, bei der Sorte I müssen mindestens 80 Prozent der Körner schön olivgrün sein. Sorte II verlangt 70 Prozent und Sorte III noch 60 Prozent.

Nun kann sich vermutlich jeder vorstellen, dass bei dieser Handarbeit, wie sie das Museum dankenswerterweise noch zeigt, keine großen Tonnagen bewerkstelligt werden können. Heute ist vieles automatisiert. Seit den 1960er-Jahren sind Sichel, Sense und Balkenmäher durch den Mähdrescher ersetzt. Die Lochdarren mit offenem Feuer mussten Durchlauftrocknern und Trocknern mit automatischer Wendeeinrichtung Platz machen. Der Gerbgang in der Mühle, bei dem der Spelz vom Korn entfernt wird, ließ sich bisher allerdings noch nicht wegrationalisieren. Übrigens: Der Spelzanteil beim Dinkel beträgt rund dreißig Prozent. Mit ein Grund, weshalb nach dem Zweiten Weltkrieg gerne auf den ertragreicheren Weizen umgestellt wurde, der keine Spelzverluste bringt.

Inzwischen zählt der fränkische Grünkern aus der Sorte »Bauländer Spelz« zu den Passagieren der »Arche des Geschmacks« von Slow Food Deutschland. Zusätzliche Förderer sind die Vereinigung Grünkernerzeuger und die Schutzgemeinschaft Fränkischer Grünkern. Gemeinsam wollen sie zum einen die Qualität sichern, zum andern aber auch mit allen Kräften nach neuen und besseren Absatzmärkten suchen. Denn die besondere Qualität der Inhaltsstoffe allein bringt den »Badischen Reis«, wie der Grünkern auch heißt, offenbar noch nicht zum Kunden. Mit vielen Ideen und nicht zuletzt durch variantenreichen Einsatz in der Gastronomie soll dem besonderen Lebensmittel Grünkern ein Platz in der reichen Angebotspalette geboten werden, den es verdient.

Wichtige Internetadressen

www.boxberg.de
www.freilandmuseum.com
www.gruenkernwochen.de
www.hotel-laurentius.de
www.tg-odenwald.de/gruenkernradweg

Übrigens: Immer am letzten August-Wochenende findet im Boxberger Ortsteil Kupprichhausen das traditionelle Grünkernfest mit vielen schmackhaften Grünkern-gerichten statt.

Die Grünkerndarre: Bei 57 Grad Celsius wird das Korn getrocknet und leicht geräuchert.

Kompott von Grünkern und Hutzelfrüchten

100 g	Hutzelfrüchteschnitze
0,2 l	Weißwein
80 g	Grünkernkorn
40 g	Zucker
0,4 l	Birnen- oder Apfelsaft
200 g	gewürfelte helle, frische Saisonfüchte (z. B. Apfel, Birne etc.)
	Fleur de Sel, Zimt, Vanille, Zitrone, Birnenschnaps zum Abschmecken
4	Nocken Karamelleis
4	Minz-Spitzen
4	Hippen
4	Feigenhälften

»Zuerst dachte ich, ich muss den Leuten die Welt zeigen, ihnen vorführen, was anderswo gekocht und gegessen wird, so, wie ich es auf meinen verschiedenen Stationen auf der Welt erlebt habe. Aber ich glaube, ich hab die Leute hier eher erschreckt. Weikersheim braucht kein Känguru«, resümiert Jürgen Koch seine Rückkehr vor zwanzig Jahren ins Elternhaus. Jürgen Koch führt zusammen mit seiner Frau Sabine das Ein-Sterne-Restaurant und Hotel »Laurentius« in Weikersheim. Er habe schnell bemerkt, dass sich die Produktqualität im Hohenlohischen verbessert habe. »Die haben sich mehr angestrengt als früher und deshalb habe ich auch auf regionale Produkte umgestellt«, sagt Koch, schränkt jedoch gleich ein, »die Regionalität darf trotzdem nicht apodiktisch zu einer vermeintlich allein seligmachenden Doktrin erhoben werden.« Koch zeigt dabei auf gekochten Grünkern. »Schauen sie, das Urgetreide von hier, der Grünkern, sieht nicht unbedingt sexy aus. Wenn ich ihn aber mit anderen Dingen der Welt mische und daraus beispielsweise ein »à la Couscous-Gericht« mache oder den Rohstoff mit Obst mische, wie bei unserem heutigen Nachtisch, dann wird daraus ein Schuh. Seit ich das so mache, läuft's.«

Jürgen Koch

Sagt's und gießt die über Nacht in Weißwein eingeweichten Hutzelfrüchte ab. »Den Fond aber auffangen, den brauchen wir noch«, merkt Koch an, und beginnt die Hutzeln in Streifen zu schneiden. Den Grünkern gibt Koch zusammen mit dem Weißweinfond, Zucker und Birnensaft in einen Topf, kocht alles zusammen auf und lässt den Grünkern dann ausquellen. Wenn das Getreide zu viel Flüssigkeit zieht, einfach noch etwas nachgießen.

So zwischen Herd und Arbeitsplatte kommt »Laurentius«-Patron Jürgen Koch noch auf seine »Gourmet-Expedition – Aufbruch zum kulinarischen Ursprung« zu sprechen, die kurz nach unserem Treffen in zwei Geländewagen starten wird. Die Route führt in die unmittelbare Umgebung, je nach Jahreszeit unterschiedlich gestaltet. »Da führ ich unsere Gäste dorthin, wo unsere Lebensmittel, die wir hier verarbeiten, herkommen. Auf dem Programm steht eine Ziegenkäseproduktion, ein Schulbauernhof, es geht auf Streuobstwiesen, auf den Bienenlehrpfad, auf Wildkräuterwiesen und in den Weinberg. Natürlich gibt's zu den vielen Entstehungsgeschichten auch eine Menge zu probieren und zu verkosten. Und mit einem ganz neuen Bewusstsein für die hohenlohischen Produkte folgt dann am nächsten Tag noch ein Kochkurs im Hause Koch. Somit schließt sich der Kreis wieder.

Parallel zu seinen Ausführungen hat der Meister Apfel und Birnen klein gewürfelt und in einem separaten Töpfchen kurz in Birnensaft gekocht. »Der Optik wegen habe ich Grünkern und frische Früchte getrennt, man kann aber auch alles zusammen in einen Topf geben, wenn's mal schnell gehen soll«, zeigt Koch die Alternativen auf. Hutzelfrüchte und Feigen vereinen derweil ihre Aromen mit dem Grünkern, der vollends vor sich hinquillt.

Kurz vor dem Anrichten schmeckt Koch die Früchtchen mit Zimt, Vanille, Zitrone und einem Schuss Birnenschnaps ab, kostet, verdreht zufrieden die Augen, leckt nochmal genussvoll die Lippen und meint kurz: »Passt!«

Angerichtet wird in zwei runden Förmchen, einem großen und einem kleineren. Im großen nehmen Grünkern und Hutzelfrüchte Platz, obendrauf die Eisnocke mit der Hippe und der Minze. Die hellen Früchte wandern in den kleinen Ring und bekommen als Kontrast eine halbe Feige obendrauf.

Guten Appetit!

Hinterwälder Weiderind

Einmal angenommen, jemand bietet Ihnen eine Maschine an, mit der Sie in der gleichen Zeit dreimal mehr Ausstoß haben als mit der alten. Oder Sie sind Landwirt, und die Werbung eines Saatzüchters verspricht Ihnen mit einer neuen Sorte den dreifachen Ertrag der alten Sorte. Oder Sie stellen fest, der Nachbar hat neue Rinder im Stall und prahlt jeden Tag damit, dass er von seinen Prachtkühen dreimal so viel Milch bekommt wie bei den alten. Was würden Sie tun? Maschinenvertreter wegschicken, neues Saatgut verstoßen und den Nachbarn mit seinen Turbokühen weiterprahlen lassen? Oder fänden Sie nicht alle Angebote verlockend, besonders wenn am Ende des Geldes noch so viel Monat übrig ist?

Kein Platz in Zeiten des Wirtschaftswunders

Egal, wie Sie sich jetzt entscheiden, für viele Landwirte gab es wenige Jahre nach Ende des Zweiten Weltkriegs nur eine Stoßrichtung und die hieß: nach vorne! Raus aus dem Mief, raus aus dem Elend, der Armut, der ewigen Beschränkung. Erfolg haben, sich vielleicht auch mal was gönnen dürfen. Eine Mark im Sack haben oder drei, hundert oder dreihundert, tausend oder dreitausend Mark. Da muss der Mensch kein Mathegenie sein, um hier die für ihn richtige Entscheidung zu treffen. Die Zeichen standen also auf Fortschritt, ohne Wenn und Aber, was immer der Fortschritt auch sein mochte.

Aus der Sicht von 1955 war es jedenfalls die unangefochten richtige Entscheidung, auf dem Pfingstmarkt im Baiersbronner Teilort Klosterreichenbach das vermutlich letzte Hinterwälder Rind in der Region zu verkaufen. Ein Schlussstrich unter einer lange währenden Tradition, einer engen Verbindung zu einem Rind, von dem die Fachleute annehmen, es sei eine Kreuzung zwischen einem Kelten- und einem Alemannenrind. Die erste, bislang bekannte, schriftliche Erwähnung dieses Rindviehs stammt allerdings erst aus dem Jahre 1829.

Bis es zur gleichen folgenschweren Entscheidung im Bereich des südlichen Hochschwarzwaldes um Feldberg, Belchen und Wiesental kam, vergingen nochmal fast fünfzehn bis zwanzig Jahre. Dann wollte der Großteil der Bauern von seinen treuen und zuverlässigen Hinterwälder Rindern auch dort nichts mehr wissen. Da half es auch nichts, dass die Hinterwälder, ob ihres wohlproportionierten Körperbaus, als die »Araber der Rinderrassen« bezeichnet wurden. Das Hinterwälder Weiderind war wie geschaffen für die Steilhänge des Schwarzwaldes, weil es sich fast wie eine Gämse bewegen kann, dort, wo kein Schlepper mehr zum Grasmähen hinkommt. Sehr trittsicher ist es, auf Borstgrasrasen ebenso wie in tiefgründigen und feuchten Hochflächen.

Auch eine Rossnatur wird den Hinterwäldern bescheinigt, robust und widerstandsfähig sind sie. Brauchen praktisch kaum einen Tierarzt. Sind gute Futterverwerter auf extensiven Grünflächen, wo harte Gräser, Kräuter, Sträucher und holzhaltige Pflanzen wachsen. Sie halten die sich versteppende Landschaft offen – unter landschaftspflegerischen Gesichtspunkten gar nicht hoch genug einzuschätzen. Die Gemeinden wissen heute ein Lied davon zu singen, wenn ihnen die

Immer neugierig: die Hinterwälder

Landschaft zuwächst, der Schwarzwald immer dunkler wird und sie dann irgendwann, wenn es gar nicht mehr anders geht, für teures Geld Landwirte oder Forstarbeiter und Maschinen einsetzen müssen.

Doch nicht genug der positiven Eigenschaften. Während ein Hochleistungsrind, die sogenannte Turbokuh, bereits nach zwei Jahren ausgelaugt ist und zum Schlachthof gegeben wird, gibt die Hinterwälder Kuh auch nach achtzehn oder zwanzig Jahren immer noch Milch und zwar auch noch solche, die reich an Omega-3-Fettsäuren ist. Und sie kalbt häufiger. Und auch die Fleischqualität wird von Metzgern und Spitzengastronomen sehr geschätzt. Doch was hat's genutzt? Nichts. Rein gar nichts.

Der Trend der Zeit machte auch vor den höchsten Hängen des Schwarzwaldes nicht halt. Mit der Turbokuh kamen auch die Waschbeton-Kästen namens Supermarkt auf die grüne Wiese. Eine Frage muss aus der Retrospektive in diesem Zusammenhang einmal gestellt werden, auch wenn sie vielleicht nie vollständig, geschweige denn richtig beantwortet werden kann. Die Frage ist vielleicht mit jener berühmten nach dem Ei und der Henne vergleichbar. Wer war zuerst da, die Henne oder das Ei, der Supermarkt oder die Forderung

Besonders mit bergigem Gelände kommen die Hinterwälder prima zurecht.

nach billigen Preisen und noch mehr Bequemlichkeit beim Einkaufen mit kostenlosen Parkplätzen?

Aus heutiger Sicht wird meistens argumentiert, die Menschen wollten immer noch billiger einkaufen, wollten fettfreie Fleischberge möglichst zum Nulltarif, Milchprodukte zum Spottpreis und alles andere sollte auch nicht viel kosten. Das ist eine Sichtweise.

Die andere lautet: Mit viel Geld und Marketingmaßnahmen im großen Stil wurde eine neue Geschäftsidee aus den Vereinigten Staaten ins Land gespült: die Supermarkt-Idee. Den Gemeinderäten landauf, landab wurde eingeredet, dass nur modern ist und mit der Zeit geht, wer sich die Betonklötze vor die Stadtmauern pflanzt und so für prosperierendes Leben sorgt. Und wer hier nicht mitmachte, galt als altbacken, verschlafen und als ewig gestrig. Die mahnenden Stimmen der Gemeinde- und Stadträte, die seit Generationen ihre Geschäfte im Ort betrieben, wurden vom lauten Geklapper der immer mehr und aggressiver werdenden Supermarktlobby übertönt. In teilweise selbstzerstörerischen Kämpfen über den Preis wurde die Daseinsberechtigung erkauft. Der alteingesessene Handel wurde gegen die Wand gefahren, die wenigsten hatten die Kapitaldecke, um im Billig-billig-Kampf zu bestehen. Der Tante-Emma-Laden war das erste Opfer, andere folgten. Dörfer und Städte drohten auszubluten.

Auf der Produzentenseite spielte sich das Pendant dazu ab. Wenn alle billigst anbieten wollen, werden auch die Preise der Anbieter gedrückt. Also geht bei den Bauern die Preisspirale ebenso nach unten. Was ist die Folge davon: Wer in diesem Konzert der Billigheimer halbwegs bestehen will, ist ebenso zu Rationalisierungsmaßnahmen gezwungen.

Die große Stunde der neuen und größeren Maschinen, der Turbokühe und des Turbogetreides war gekommen. Und mit ihnen gingen fast zwangsläufig die Lebensmittelskandale einher. Nun, wird der eine oder andere sagen, Betrug ist so alt wie die Menschheit. Unwidersprochen. Doch in Umfang und Skrupellosigkeit ist man geneigt, von einer gewissen Beispiellosigkeit zu sprechen. Vor allem weil es hier nicht um Maschinen, Häuser, Möbel oder sonst was geht, sondern um Lebensmittel.

Es sei hier also nochmals ganz verschämt die Frage angehängt: War es wirklich bloß der Konsument, dessen Ruf nach immer noch billigeren Produkten nimmer aufhören wollte? Ein jeder kann sich selbst die Frage am besten beantworten.

Noch ist die Rasse vom Aussterben bedroht

Gott sei Dank gibt es zu jeder Zeit immer ein paar Menschen, die zwar in der Gegenwart leben, aber immer noch etwas Zeit und Muße finden für den zweiten oder dritten Gedanken, für die Zeit davor und für die Zeit danach, die sich auch die Konsequenzen ihres Handelns und das ihrer Mitstreiter vorstellen können und die sich im Zweifel auch gegen einen Trend stellen. Nicht etwas mitmachen, nur weil es gerade alle tun. Das ist in der Regel unbequem, weswegen sich auch nicht so viele für diesen Weg entscheiden.

Im Falle der Hinterwälder gab es bereits 1987 einige vorausschauende Rinderhalter und Rinderzüchter. Sie gründeten den Förderverein Hinterwälder Vieh e. V. In diesem Verein wurden die Aktivitäten für den Erhalt und die wirtschaftliche Nutzung der altehrwürdigen Rasse gebündelt.

Martin Pfefferle aus Aitern-Oberrollsbach ist der Vorsitzende und an diesem Tag Gastgeber für rund zwanzig Interessierte des Slow-Food-Conviviums Freiburg. Das sind nicht irgendwelche Besucher, nein, denn Slow Food Freiburg hat das Hinterwälderrind 2006 in die »Arche des Geschmacks« aufgenommen, ist sozusagen Pate für die Hinterwälder. Der Conviviumsleiter Mats Johansson darf mit seinem Gefolge auf die Weide zu Pfefferles Hinterwäldern gleich neben dem typischen Schwarzwaldhof am Osthang des 1414 Meter hohen Belchen. Die scheinen sich richtig über den Besuch zu freuen, sehr zutraulich umringen sie gleich die Gäste aus dem Tal.

»Die sind sehr neugierig«, klärt Pfefferle auf. Das merken die Gäste sehr schnell, der eine oder andere wird von den Kühen am Ärmel gezupft oder sogar am Arm geleckt. Die Kühe scheinen ihre Freude daran zu haben. Die Gäste auch. Wann hat man in der Stadt so ein Erlebnis.

Schon Martin Pfefferles Vater hatte die Marschrichtung auf dem Hof vorgegeben, 1983, als die Zucht auf dem Tiefpunkt gewesen sei. »Jeder wollte auf andere Rassen umstellen, mein Vater aber wollte bei den Hinterwäldern bleiben«, schildert Pfefferle, nebenbei eine seiner Kühe kraulend. Und so ist es bis auf den heutigen Tag geblieben. Pfefferle hat über fünf Jahre hinweg eine Wirtschaftlichkeitsrechnung angestellt und kam zu dem Ergebnis: Es ist kein Unterschied zu anderen Rassen feststellbar. Außerdem seien sie in kleinen Betrieben wie seinem gut zu halten, »sie sind langlebig und vor allem pflegeleicht und von Mai bis Anfang November auf der Weide.«

Der unermüdliche Einsatz des Fördervereins hat sich offensichtlich gelohnt, »trotzdem ist die Rasse heute noch gefährdet, damals war sie extrem gefährdet«, zieht Martin Pfefferle Bilanz. Deshalb hat die »Gesellschaft zur Erhaltung alter und gefährdeter Haustierrassen« die Hinterwälder auch auf die Rote Liste der vom Aussterben bedrohten Tiere gesetzt. Solange die Tiere vom Aussterben bedroht sind, gibt es Fördermittel von der EU. Der derzeitige Bestand mit Schwerpunkt Schwarzwald und Schweiz liegt bei etwa viertausend Tieren, ab fünftausend Tieren gilt eine Rasse wieder als gesichert. Es gibt also noch einiges zu tun.

Ein Jungbulle wartet auf der Herbstversteigerung in Schönau auf den besten Bieter.

Indes wird versucht, die Fleischvermarktung weiter voranzubringen. Und das bereits seit fünf Jahren. Wie der Zuchtleiter Franz Maus aus Donaueschingen feststellt, hat sich gezeigt, »dass mit dem Hinterwälderrind eine vernünftige Rindfleischerzeugung möglich ist. Der andere Schluss ist der, dass das deutlich zartere Fleisch der Rasse es verdient, mit Mehrerlös vermarktet zu werden.« Um die Zucht auf noch solidere Beine zu stellen, sind Kooperationen mit der Universität Hohenheim angesagt. Ein Untersuchungsbeispiel für eine Diplomarbeit: die Erforschung der ungesättigten Fettsäuren im Fleisch der Hinterwälder.

Die Besuchergruppe aus Freiburg ist inzwischen mit der Hinterwälderherde in den Stall zurückgekehrt. Zeit zum Melken und eine gute Gelegenheit, mal in den Genuss einer wirklich frischen und unverfälschten Milch zu kommen, die noch nie einen Tetrapack gesehen hat. Ein seltenes Privileg. Natürlich sind jetzt alle noch auf die viel gepriesene Fleischqualität gespannt. Hier kann den Freiburgern gleich in der Nachbarschaft der Pfefferles geholfen werden, im »Auerhahn« bei der Familie Behringer, die züchtet auch Hinterwälder. Zu den Köstlichkeiten, zubereitet aus dem Fleisch aus dem eigenen Stall, gibt es für Interessierte noch kostenlose Informationen rund um die Hinterwälder dazu.

Wichtige Internetadressen

www.auerhahn-rollsbach.de
www.douce-steiner.de
www.g-e-h.de
www.naturpark-suedschwarzwald.de
www.hinterwaeldervieh.ch

Übrigens: Die Kontaktadresse für den Förderverein für Hinterwäldervieh e.V. lautet: Martin Pfefferle, Holzbach 3, 79677 Aitern, Telefon (0 76 73) 72 15.

Tatar vom Hinterwälder Weiderind
mit Essenz von Roter Bete

Für das Hinterwälder Rind:
200 g Filet vom Hinterwälder Weiderind
½ Bund Schnittlauch
1 EL Olivenöl
etwas Piment d'Espelette
4 EL Crème fraîche
4 TL Ossietra-Kaviar oder ersatzweise reichlich Schnittlauch oder Petersilie

Für die Rote Bete:
400 g Rote Bete
1 l kräftige Fleischbrühe
2 EL Speisestärke
200 ml Rotwein
etwas Piment d'Espelette
60 ml alter Balsamico

Salz, Pfeffer

Im Frühjahr, wenn die Natur förmlich explodiert, lädt das Markgräflerland zu herrlichen Spaziergängen ein. Sei es im Tal, an den Rebhängen oder, etwas höher dann, an den sonnenverwöhnten Ausläufern des Südschwarzwaldes. Und wer schöne und ausgedehnte Spaziergänge gemacht hat, lässt sich anschließend auch gerne kulinarisch verwöhnen. Eine passende Adresse wäre hier zum Beispiel der »Hirschen« in Sulzburg. Ein Haus mit jahrhundertealter Tradition und einer jungen Patronin: Douce Steiner, unter anderem Wohlfahrt-Schülerin in der Traube Tonbach in Baiersbronn und inzwischen längst selbst Sterneköchin – übrigens die einzige in Baden-Württemberg.

Douce Steiner

Tatar ist heute im Angebot. Dazu ist allerbestes Fleisch notwendig und deshalb greift Douce Steiner hier immer gern zum Hinterwälder Weiderind. Dass es dieses »zarte und schmackhafte Fleisch« – so hat es die Bundesanstalt für Fleischforschung in Kulmbach nach umfangreichen Untersuchungen beurteilt – überhaupt noch gibt, ist keine Selbstverständlichkeit. »Schützen durch nützen«, hat Slow Food einst die Devise ausgegeben. Deshalb wurde in der Region von 16 Gastwirten die Aktion »Landschaftsschutz mit Messer und Gabel« ins Leben gerufen. Sie bieten im Juni einen Monat lang Spezialitäten und Köstlichkeiten rund ums heimische Weiderind an. Auch die Spitzengastronomie will hier nicht nachstehen. Denn auch sie hat längst die Vorzüge und die hohe Fleischqualität erkannt.

Deshalb liegt bei Douce Steiner auch bereits ein wunderschönes Filet vom Hinterwälder Weiderind bereit. Doch dazu etwas später. Denn als Erstes bereitet die Chefin die Rote Bete für die Essenz vor. Die dunkelroten Kugeln werden geschält und fein geraspelt. Gummi- oder Plastikhandschuhe haben hier durchaus

ihre Daseinsberechtigung, denn die Beten färben ungemein. Jetzt das Geraspelte mit der Brühe in einen Topf geben, aufkochen und zwanzig Minuten ziehen lassen. Anschließend durch ein Sieb passieren.

Die Essenz nochmals aufkochen. Die zwei Esslöffel Stärke in etwas Rotwein einrühren, unter die Essenz mischen und zirka zehn Minuten köcheln lassen. Die Suppe mit Salz, Pfeffer, Piment d'Espelette abschmecken und mit altem Balsamico verfeinern.

Unter dem scharfen Messer und der versierten Führung der Patronin zerlegt sich der Schnittlauch ratzfatz in kleinste Ringchen. Ebenso ergeht es dem Rinderfilet. Übrigens beste Qualität und etwa zwei Wochen abgehangen. Douce Steiner kommt nicht etwa auf die Idee, das Fleisch durch den Wolf zu treiben. Das wäre ihr viel zu grob. Sie schneidet – die Betonung liegt auf schneiden und nicht auf drücken und zermatschen – das Fleisch in winzigste Würfelchen. Schnittlauch und Olivenöl werden untergemischt und mit Salz, Pfeffer und Piment d'Espelette gewürzt und abgeschmeckt. Und schon ist die Mahlzeit fertig, es muss nur noch angerichtet werden.

Die Sterneköchin ist übrigens dafür bekannt und wird gerne auch dafür gelobt, dass sie Rezepte trotz ihrer Raffiniertheit einfach hält, ohne großen Schnickschnack. Stets dem Motto folgend, dass das Geniale doch immer das Einfache sei.

Bleibt also nur noch das Anrichten und Servieren. Dazu löffelt Douce Steiner einen kleinen Crème fraîche-Spiegel auf das Tellerchen, legt einen etwa sechs Zentimeter großen Dessertring in die Mitte und befüllt den Ring etwa zu zwei Dritteln mit dem feinen Tatar. Für unsere Variante kommen noch zwei Teelöffel Ossietra-Kaviar vom russischen Stör drauf. Wem Kaviar zu teuer ist oder wer ihn nicht mag, kann diese Lage ohne weiteres durch Schnittlauch oder gehackte Petersilie ersetzen. Zur Verzierung steckt sie noch zwei Schnittlauch-Stängel in das Türmchen und zieht den Ring vorsichtig ab.

Die Suppe gießt die Chefin in heiße Teller, einen Klacks Crème fraîche in die Mitte, etwas Schnittlauch drauf und fertig. Je nach Lust und Laune vielleicht noch frisches Brot dazu servieren. Suppe und Tatar kommen gleichzeitig auf den Tisch. Die Empfehlung lautet: Das Tatar erst kurz vor dem Anrichten der Suppe zubereiten, sonst wird das Fleisch grau. Jetzt noch einen Rotwein Ihrer Wahl dazu.

Guten Appetit!

Höri-Bülle

Wer über zwölfhundert Jahre im Land ist, muss sich weiß Gott nicht mehr als Reingeschmeckter beschimpfen lassen. Wird sicher auch niemand tun, denn die wenigsten wissen überhaupt von der kalabrischen Abstammung. Von der Stiefelspitze Italiens kommt sie wohl ursprünglich her, die Höri-Bülle, also die Zwiebel, die hierzulande ihren Namen von der Halbinsel Höri am Bodensee hat. Die Reichenauer Mönche sollen sie dereinst vom Mittelmeer mitgebracht haben, wo man sie heute noch unter dem Namen »cipolla rossa« sehr verehrt. Dort wurden deren Eigenschaften als Heil- und Gemüsepflanze schon damals aufs Höchste gepriesen. Der Name Bülle, teilweise auch Bölle, soll auf das althochdeutsche »zwiebolle« zurückgehen, Fachleute sehen auch eine Verwandtschaft zum spätlateinischen »cepa«, woraus im Italienischen dann die »cipolla« entstanden ist. In der botanischen Nomenklatur heißt die Zwiebel heute *Allium cepa*.

Doch glücklich wurden die Ordensleute zunächst nicht mit ihr. Der steinige Moränenboden der Reichenau passte der importierten Bülle überhaupt nicht. Etwas weicher und bequemer durfte es schon sein. Auf der benachbarten Halbinsel Höri fanden die Mönche dann den passenden moorigen Sandboden. Und hier fühlt sich die »cipolla rossa« sozusagen sauwohl – wenn man sie denn pflanzt. So sicher war das über lange Zeit nämlich nicht mehr.

Die starke Mechanisierung in der Landwirtschaft, insbesondere in der nachgelagerten Weiterverarbeitung, führte in den letzten zehn bis fünfzehn Jahren zu einem starken Rückgang des Bülle-Anbaus, sagt Regina Duventäster-Maier, eine von noch 15 Erzeugern auf der Höri und deren Sprecherin. Sie kniet im Acker und holt die reifen Bülle aus der Erde, mit bloßen Händen, die Finger zu einer Art Rechen geformt. »Büllezucht ist reine Handarbeit, mit Ausnahme des Säens«, erklärt die Züchterin. »Der Samen wird selbst gezüchtet, dann muss man mindestens dreimal im Jahr Unkraut jäten. Anfang August kommt die Umknickphase, da werden die Schlotten, die grünen Zwiebelröhrchen, umgeknickt, die Kraft aus den Schlotten zieht sich in die Zwiebel zurück, die Schlotten verdorren und die Zwiebel wächst nochmal.

Die Zucht ist reine Handarbeit

Wegen ihrer flachen Form und ihrer Druckempfindlichkeit können Sie aber keinen Ernter einsetzen. Alles müssen wir von Hand rausholen, so, wie ich das hier gerade mache. Unter Beobachtung müssen die Zwiebeln anschließend auf dem Feld abtrocknen, nicht zu lange, weil sie sonst Sonnenbrand bekommen können. Ja wirklich, die kriegen Sonnenbrand«, versichert die Gemüsebäuerin schmunzelnd, weil sie wahrscheinlich mein unausgesprochenes Fragezeichen gespürt hat, ohne es zu hören. »Ja, da brauchen Sie ein wachsames Auge«, fährt Duventäster fort. »Scheint keine Sonne und geht kein Wind, dauert das Abtrocknen ewig und es bleibt noch zu viel Boden anhaften. Scheint viel Sonne und haben wir einen strammen auflandigen Wind, geht das Trocknen rasend schnell und Sie müssen Fuchs und Hase sein, dass Sie den rechten Augenblick nicht verpassen.«

Vom Acker wandern die Bülle in Holzkisten, wegen der guten Luftzufuhr von allen Seiten. Nach vierzehn Tagen Zwischenlager werden die Wurzeln und Schlotten entfernt. »Bis dahin ist erkennbar, welche der Zwiebeln lagerfähig sind und welche nicht, entsprechend wird aussortiert«, erklärt Duventäster weiter. Die gute Qualität sei dann bis März lagerfähig, versichert sie und erhebt sich aus dem Acker. Mit »Alles eine Heidenarbeit!« beschließt sie den kleinen Ackerexkurs und befreit ihre helle Hose an den Knien von den Bodenkrümeln.

Stellt sich natürlich die Frage nach dem Sinn dieses Unternehmens, wenn die Büllezucht so eine Schinderei ist. Nun, die Höri definiert sich zu einem

Der Himmel hängt voller … Höri-Bülle

Bis aufs Säen ist bei der Höri-Bülle alles Handarbeit.

großen Teil über die Bülle: daher auch Bülle-Höri. Über Jahrhunderte bauten hier die Bauern die Bülle als Hauptgemüse an und verkauften sie im September auf den Zwiebel- und Böllemärkten in den Schweizer Städten Stein, Schaffhausen am Rhein und Rorschach am Bodensee – tonnenweise.

Ein weiteres Argument ist offensichtlich die unnachahmliche Qualität, das zarte Aroma und die milde, unaufdringliche Schärfe. Geeignet also zum rohen Verzehr, beispielsweise im beliebten Wurstsalat oder in Verbindung mit dem Bodensee-Felchen. Der Renner beim jährlichen Büllefest, das abwechselnd in Iznang und Moos stattfindet, ist die Bülle-Dünne (Dünnete oder Dünnele), eine Art Zwiebelpizza, begleitet von einem Gläschen »süeße Moscht«.

Anfang Oktober hängt hier der Himmel dann nicht voller Geigen, sondern voller traumhaft schön gebundener »Bülle-Zöpfe« in allen Größen, jeweils gekrönt von einem Sträußchen Trockenblumen. Der klassische Bülle-Zopf ist aus roten und weißen Bülle geflochten. Das kontrastiert sehr gut. Streng genommen ist das aber falsch, wie ein großer Förderer der Höri-Bülle, der Wirt vom »Grünen Baum« in Moos, Hubert Neidhart, herausgefunden hat. Auch er kannte aus der elterlichen Küche rote und weiße Bülle. Und von Nachbars Feldern auf der Höri stammten sie auch. So sahen das auch die anderen Höri-Bewohner. Doch als es dann darum ging, einen Antrag auf Gebietsschutz (»g.g.A.« = »geschützte geografische Angabe«) zu stellen, flog der Irrtum auf. Es gibt nur eine Zwiebel, die den Namen Höri-Bülle verdient, und das ist die rote. Die weiße Schwesterzwiebel wird nämlich in den verschiedensten Regionen angebaut und ist aus zahlreichen Kochbüchern als »Stuttgarter Riese« bekannt.

Schön mild und trotzdem würzig im Geschmack

Neidhart verrät auch gleich, woran man die Echtheit einer Höri-Bülle erkennt: »Eine echte Höri-Bülle färbt nicht ab. Wenn man beim Schälen rote Hände bekommt oder wenn sich die Salatsauce verfärbt, dann handelt es sich garantiert nicht um eine Bülle von hier. Das eigentlich zarte Lila der Deckschale und der einzelnen, feinen Zwischenhäutchen verliert sich erst nach längerer Zeit in Essig.«

Wenn Neidhart über seine Bülle erzählt, gerät er sofort ins Schwärmen: »Im Geschmack ist sie so schön mild, trotzdem aber würzig. Ihre Einzigartigkeit stellt sie am besten in der kalten Küche unter Beweis. Fein geschnitten zu Käse, Wurst oder Schinken gibt sie die nötige Würze«, sagt der Baum-Wirt und setzt gleich noch einen drauf. »Am besten inszeniert sie sich, wenn sie sich in die Zweierbeziehung von Essig und Öl einmischt. Im Dreiklang mit einfachem Mostessig oder Holunderbalsam und einem Sonnenblumenöl sorgt sie für vollkommene Harmonie und ausgeglichene Geschmacksempfindung.« Bei so viel Lob und Honig ums Maul müsste die Bülle eigentlich noch röter werden.

Apropos Honig. Regina Duventäster-Maier hat auf dem Acker auch von einigen Experimenten mit »Höri-Bülle in der Süßvariante« erzählt. Markus Bruderhofer aus dem benachbarten Gottmadingen, ein Delikatessentüftler und -hersteller, testet mit ihr die verschiedensten Bülle-Feinkost-Spezialitäten. So wurde die Zwiebel schon zu Marmelade und zu Pasten verarbeitet oder aber auch zu einem »Zwiebel-Zauber aus Höri-Bülle mit Apfel-Quitten-Balsam-Essig«, alles ohne Zusatzstoffe und unter dem Regional-Label »Gutes vom Bodensee« angeboten. Auch so kommt die Bülle ins ganze Land. Und so versucht sich eine Zwiebel neben so bekannten Namen wie Hermann Hesse und Otto Dix ebenso als Botschafterin der Halbinsel Höri.

Und wenn die Zwiebel alle Jahre wieder zum Büllefest nach Moos ruft, stürmen aus einem Umkreis von hundert und mehr Kilometern begeisterte Besucher jeden Alters auf die Höri, um irgendetwas »Zwiebeliges« zu ergattern. Ausnahmezustand auf der Höri. Wer es wegen Überfüllung der Straßen mit dem Auto nicht schafft, hat noch von Radolfzell aus die Möglichkeit,

Mit Experimentierfreude zu neuem Geschmackserlebnis

mit der Solar-Fähre zur Bülle zu kommen. Seit 1976 gibt es dieses Fest ohne Unterbrechung. Hulda Duventäster, die Mutter von Regina Duventäster-Maier, erinnert sich noch genau an die Anfangszeiten: »Als das Büllefest angefangen hat, haben wir Frauen sofort begeistert mitgemacht und abends nach der Arbeit noch Hunderte Bülle-Zöpfe gebunden. Das war zwar viel Arbeit, aber wir haben sofort erkannt: Da können wir für uns Frauen ein eigenes Geld rausschlagen. Früher hat man ja zum Mann gehen müssen, wenn man einen neuen BH brauchte. Und was hat der gesagt: Wegen mir brauchst keinen anziehen. Nein, nein, das haben wir schnell kapiert, dass da für uns was rausspringt. Die Männer wollten uns das zwar auch streitig machen, aber da haben wir uns durchgesetzt. Zwiebel für Taschengeld.« Schöne Geschichten, die das Leben so schreibt. In diesem Jahr hat die muntere Mittsiebzigerin die Büllezöpfe für die Enkelin gebunden und verkauft sie jetzt vor deren Geschäft. Bülleanbau in der fünften Generation.

Die Bülle hat also ihre Fans. Damit es noch mehr werden, hat Slow Food Deutschland mit besonderer Unterstützung von Slow Food Bodensee die Bülle in ihre »Arche des Geschmacks« aufgenommen. Und der Antrag beim Patent- und Markenamt in München zum Schutz der Ursprungsbezeichnung läuft. Will heißen, die Höri-Bülle soll europaweit als Unikat von der Höri geschützt werden und dürfte dann auch nur noch dort angebaut werden, erklärt Hubert Neidhart. Die Höri-Bülle würde sich dann ganz geschmeidig zwischen Champagner und Schwarzwälder Schinken einreihen, die die Bezeichnung »geschützte geografische Angabe«, kurz »g.g.A.«, schon lange tragen dürfen.

Wichtige Internetadressen

www.feines-aus-dem-hegau.de
www.gruenerbaum-moos.de
www.hoeribuelle.de
www.hoeri-gemuese.de
www.plenum-bodensee.de

Übrigens: Seit 1976 findet alljährlich wechselnd zwischen den Mooser Ortsteilen das überregional bekannte Büllefest statt. Heimische Erzeugnisse rund um die »Bülle« werden am jeweils ersten Sonntag im Oktober im Rahmen eines Marktes zum Verkauf angeboten. Unter anderem auch die bekannten Büllezöpfe.

Seinen Bülle-Samen züchtet jeder Produzent selbst.

Hechtsteak mit glasierter Höri-Bülle
und Cocktailtomaten

Für die Hechtsteaks:
4 Hechtsteaks vom Rücken à 200 g
etwas Weizendunst
Erdnussöl

Für das Gemüse:
4-8 kleine Höri-Zwiebeln
8 rote Cocktailtomaten
8 gelbe Cocktailtomaten
8 kleine Mäuslekartoffeln (festkochende, gekochte und halbierte)
5 cl Balsamessig
50 g Kristallzucker
1 Knoblauchzehe (in Scheiben geschnitten)
½ Chili-Schote (ohne Kerne, in feine Streifen geschnitten)
50 g Butter
5 cl Rotwein

Salz, Pfeffer

Wenn's sein muss, und für seine geliebte Höri-Bülle muss es immer sein, lässt Hubert Neidhart vom »Grünen Baum« in Moos alles stehen und liegen. Als ich ihn eines Sonntags auf Empfehlung von Züchterin Regina Duventäster überfallen habe, ließ er sogar einige seiner Gäste etwas länger auf ihren Braten warten, nur um mir schnell für die Kamera ein optisches Highlight seiner Lieblingszwiebel zu präsentieren: Hechtsteak mit glasierter Höri-Bülle und Cocktailtomaten. Ein Leckerbissen. Und er hat mir sogar sein Rezept verraten:

Die Hechtsteaks salzen und pfeffern, kurz in Weizendunst wenden und in einer heißen Pfanne mit Erdnussöl auf beiden Seiten gut anbraten. Die vorgekochten und halbierten Mäuslekartoffeln von Anfang an in derselben Pfanne mitbraten. Jetzt die Steaks herausnehmen und im Ofen bei 80 Grad weitergaren.

Hubert Neidhart

Das Bratfett aus der Pfanne entfernen, die Kartoffeln dürfen bleiben, etwas zur Seite schieben. Jetzt den Zucker in der Pfanne karamellisieren. Ist er vollständig geschmolzen und gebräunt, den Prozess durch Zugabe des Balsamessigs stoppen. Butter, Knoblauch, Chilischoten und die Höri-Bülle (je nach Größe in Viertel oder Achtel geschnitten, Wurzel nicht komplett abschneiden, sonst zerfällt die Zwiebel in einzelne Lamellen) in die Pfanne geben, jetzt die Tomaten dazu, nochmals durchschwenken. Mit Rotwein ablöschen, salzen, pfeffern und noch etwas reduzieren lassen.

Wer die Kartoffeln schön knusprig haben möchte, sollte sie in separater Pfanne fertigbraten. Der Hecht ist gar, wenn sich die Y-Gräten mit einer Pinzette entfernen lassen. Vorher gehen sie gar nicht raus. Fürs Auge ansprechend anrichten, servieren. *Guten Appetit!*

Musmehl

Sylvia Speichinger legt noch zwei Holzscheite in den rund hundert Jahre alten Herd nach. Solange die Klappe offen ist, wird's richtig hell in der ansonsten doch recht düsteren Küche. »Das ist schon ein Unterschied zu daheim, wo man halt mit einem Knopf einfach eine bestimmte Temperatur einstellt und sich dann um nichts mehr zu kümmern braucht, außer ums Kochen.« Speichinger ist heute im Freilichtmuseum Neuhausen ob Eck im Kreis Tuttlingen für die traditionelle Herstellung von Habermus zuständig. Alles unter dem Generaltitel: »Raue Kost – Essen, was es früher noch gab.«

Erst das Rösten macht den Unterschied

Sylvia Speichinger hat sich darauf spezialisiert, den Menschen auf eindrucksvolle Weise deren eigene Geschichte näherzubringen. Und wenn sie gerade nicht Habermus kocht, lädt sie im Raum Tuttlingen-Hegau-Bodensee Interessierte zu historischen Stadtführungen ein, ob als einstige Badedienerin, Kräuterhexe oder als Theaterexpertin. Sie gibt zwei Löffel Schweineschmalz in einen Topf, rührt mit dem Holzlöffel, bis das Fett zerlaufen ist und lässt dann tassenweise Musmehl einrieseln, rührt um.

Da taucht natürlich unter den neugierigen Gästen gleich die Frage auf: Was ist denn überhaupt Musmehl? Rührenderweise erzählt Speichinger, wie unsere Vorfahren in den vergangenen Jahrhunderten zu ihrem Musmehl kamen. Traditionell besteht dieses Mehl aus zweierlei Getreidesorten und zwar aus dem klassischen Schwabenkorn, dem auf der Alb und in der Nordschweiz verbreiteten Dinkel, und aus Weizen. Wenn der Weizen gerade nicht verfügbar war, wurde eben Roggen oder Hafer genommen, die Gerste allerdings, so lehren uns die Geschichtsschreiber, war nicht so beliebt. Warum? Diese Antwort bleiben sie uns schuldig. Das Besondere aber an Musmehl ist die Tatsache, dass die beiden Getreidearten nicht einfach zusammengeschüttet werden, sondern noch vor dem Mahlvorgang geröstet werden.

Das Rösten wurde natürlich energiesparend vorgenommen. Es wurden also nicht extra irgendwelche Öfen für den Röstvorgang angeheizt. Nein, man nutzte nach dem Backen die Resthitze des Backofens aus, also die abfallende Temperatur von 150 auf 100 Grad und das über rund fünf Stunden. Das musste unter Aufsicht geschehen, nicht dass das Korn verbrannte. Im Normalfall wird es rötlichbraun, ist schön rösch und muss eigentlich schon fast von alleine zerfallen. Und schon diese Tatsache hatte den exorbitanten Vorteil, dass jeder Haushalt sich das Mehl beispielsweise im Mörser selbst zerkleinern konnte und nicht, wie beim übrigen Mehl, auf die Mühle des jeweiligen Grundherrn angewiesen war, der dafür natürlich auch Geld verlangte.

Aber selbst als Mühle und Backofen noch nicht erfunden waren, konnte Musmehl machen, wer Feuer hatte. Die Steinzeitmenschen rösteten die Körner auf heißen Steinen, zermahlten sie zwischen den Steinen und kochten den Grieß in Leder oder Tongefäßen in mit Steinen erhitztem Wasser zu Brei oder Mus. Und ob das auf den Höhen der rauen Alb oder im tibetanischen Hochland war, war fast egal. Aus einem tibetani-

schen Kochbuch von Rinjing Dorje (geboren 1949 als Sohn eines tibetanischen Schamanen) ist überliefert, einfach feinen Sand in einer großen, schweren Pfanne zu erhitzen, das Getreide dann gut in den Sand unterzurühren und so rösten zu lassen. Es brenne dabei nicht an. Anschließend wird der Sand ausgesiebt und das geröstete Getreide kann weiter verarbeitet werden. Das Kochbuch stammt aus dem Jahre 1986. Einfachste Zubereitungsmethoden haben sich also über Jahrtausende gehalten.

Das angeschwitzte Musmehl löscht Sylvia Speichinger jetzt mit kaltem Wasser ab, rührt fleißig weiter, damit das Habermus, das Schwarze Mus, der Schwarze Brei, der Mehlbrei oder Mehlbapp nicht anbrennt. Welchen Namen man dieser Speise letztendlich gibt, ist egal, es ist immer das Gleiche gemeint.

Die Zutaten für einen schwarzen Brei

In den Freilichtmuseen des Landes – hier Beuren – werden immer wieder Gerichte unserer Vorfahren gekocht.

Bei leichter Hitze lässt die Köchin den Brei aufkochen, abschließend schmeckt sie noch mit Salz ab. Fertig.

Sie erklärt den Zuschauern, dass die Zubereitung, je nach zur Verfügung stehenden Ingredienzien, auch mit Milch, mit Milch und Wasser, mit Fleischbrühe, als Süßvariante mit Zucker abgeschmeckt, mit Butter oder Speck verfeinert, als flüssiger Brei oder mit ganz wenig Flüssigkeit gekocht oder, lange eingekocht, abgestochen und in Scheiben oder als Küchle gebraten werden kann.

Brei oder Mus – was heute in erster Linie eine Speise für zahnlose und Magen-Darm-Empfindliche, also in der Regel für Babys und alte Menschen ist, das war in Urzeiten die Ernährungsgrundlage für alle. In späteren Zeiten in erster Linie für die Armen – und zwar rund um den Erdball.

Damit die Mahlzeit nicht gar so karg ausfällt, hat die Kollegin von Speichinger zwischenzeitlich ein Holdermus gekocht: aus einem Pfund Holunderbeeren, einem halben Liter Milch, fünfzig Gramm Zucker und einer Butterkugel, bestehend aus 40 Gramm Butter und 40 Gramm Mehl. Die Milch wurde aufgekocht, der Holunder dazugegeben, unter ständigem Rühren zirka zehn Minuten weitergekocht, dann Butterkugel und Zucker dazugegeben und nochmals zehn Minuten weitergekocht, unter ständigem Rühren. Farblich ein schöner Kontrast zum Schwarzen Brei, der natürlich nur schwarz ist, wenn man ihn anbrennen lässt. Ein schnelles Essen also auch für heutige Tage, aber garantiert nichts, was man am Herd allein vor sich hinkochen lassen kann.

Ein junges Mädchen, das sich zunächst ganz verschämt hinter dem Rücken des Vaters bei der Mutter erkundigt hatte, ob man »das Zeug« denn überhaupt essen könne, brachte nachher ganz stolz den Teller wieder und orderte Nachschlag. Sylvia Speichinger und ihre Kollegin hat's sehr gefreut.

Im Freilichtmuseum in Beuren im Kreis Esslingen steht Wolf Rühle am gemauerten Herd eines uralten Hauses, wo sich der Rauch den Weg durch die Obergelasse und das Dach nach draußen selbst sucht und ihn, je nach Witterung, auch findet – oder auch nicht. Umso höher ist dann der Konservierungsgrad für Haus und Mensch. Rühle gießt gerade Vollmilch in eine große Stielpfanne, die, von oben in den Herd eingelassen, quasi direkt auf dem Feuer sitzt. Aus einem Emailleeimer schöpft er mit einem Holzlöffel Wasser und verdünnt damit die Milch und lässt dann aus einem Päckchen Musmehl in die Pfanne rieseln – natürlich unter ständigem Rühren. Er verzichtet also bewusst auf weitere Röstaromen, die Sylvia Speichinger in Neuhausen durch vorheriges Anrösten des Musmehls erreicht hat. Er will vermutlich die klein gewürfelten Zwetschgen, die er, kurz bevor der Schwarze Brei fertig ist, in die Pfanne gibt, geschmacklich besser zur Geltung kommen lassen. Abschließend schmeckt Rühle noch mit Zucker ab – ein Zugeständnis an die heutige Zeit und die zuckerverwöhnten Gaumen der heutigen Kinder und Erwachsenen, denn vor zweihundert und mehr Jahren hatte es diesen Luxus noch nicht gegeben, zumindest nicht für die einfache Bevölkerung. Was sicher auch gut war, sonst wären die Zähne noch früher aus dem Mund gefallen oder hätten vom Schmied gezogen werden müssen. Und noch ein weiteres Stück Luxus kommt dazu: Rühle gibt ein ansehnliches Stück frische Butter auf den heißen Brei, was der Speise natürlich sehr schmeichelt.

Ideal für Kuchen, Gebäck und Nachtische

Wenn jetzt noch Honig hinzukäme, wäre die Speise sogar für den irischen Königshof des achten Jahrhunderts tauglich gewesen. Damals war in einem Gesetzestext, dem sogenannten »Senchus Mor« unter anderem genau vorgeschrieben, wie in Pflege gegebene Kinder zu ernähren sind. Da stand dann: »Die Kinder der unteren Schichten bekommen gerade ausreichend viel Brei aus Hafermehl und Buttermilch oder Wasser, zu dem alte Butter gegeben wird. Die Söhne der Oberschicht bekommen Brei satt, aus Gerstenmehl und frischer Milch, dazu frische Butter. Die Söhne von Königen bekommen Brei aus Weizenmehl und frischer Milch, dazu Honig.« Und was bekamen die Mädchen, gar nichts oder ganz was anderes?, fragen Sie sich zu Recht. Wir wissen es nicht, aber so, wie es aussieht, kannten die Iren zu der Zeit auf jeden Fall das schmackhaftere Musmehl noch nicht.

Aber wir brauchen gar nicht so weit zurückzugehen, um auf interfamiliäre Privilegien zu stoßen. Bis ins 20. Jahrhundert kam die große Stielpfanne auf den Tisch und jeder bediente sich rundum mit seinem Löffel aus der Pfanne. Nur flossen Butter oder Schmalz in der Regel in Richtung Chef des Hauses. Warum? Weil die Pfanne im Pfannenhalter am Stiel etwas erhöht war, das Fett also auf die gegenüberliegende Pfannenseite floss, und dort saß der Vater. Oder die Hackordnung regelte, wer in das Breigebirge Bächlein und Seen bauen durfte, wo sich Fett, Milch oder Kompottsäfte sammeln konnten. Gern genommen wurde auch die eingebrannte Kruste am Rand oder am Boden, solange sie noch nicht in einen kohleartigen Zustand übergegangen war. Denn darin versammelte sich der ganze Geschmack, Röstaromen pur sozusagen. Alles durchaus auch Anlässe zu Streitigkeiten bei Tisch.

Heute kennt man diese Art von Streitigkeiten so wenig wie den Schwarzen Brei oder das Habermus. Damit das Musmehl aber nicht ganz vergessen wird, hat es Slow Food bereits im August 2005 in die »Arche des Geschmacks« aufgenommen.

Rosmarin-Hefeschnecken mit Musmehl-Streuseln

Einer der ganz wenigen Produzenten, die es noch gibt, ist die Getreidemühle Luz auf der Alb im Münsinger Stadtteil Buttenhausen im Großen Lautertal. Es gibt auch einige Anbieter im Internet. Hier ist allerdings Vorsicht geboten oder zumindest genaues Hinsehen oder Nachfragen angesagt. Es wird zum Beispiel nacktes Weizenschrot als Musmehl angeboten. Das erfüllt seinen Zweck natürlich nicht. Das Musmehl sollte also auf jeden Fall aus den beiden Komponenten Dinkel und Weizen bestehen und beides muss vor dem Schroten geröstet sein, wie eingangs beschrieben. Wird nämlich nicht geröstet, fehlt der typische Musmehl-Geschmack, der übrigens bei den nachwachsenden Generationen durchaus seine Liebhaber findet. Kuchen, Gebäck oder auch Nachtischen verleiht das Musmehl eine ganz neue Geschmacksnote.

Wichtige Internetadressen

www.freilichtmuseum-beuren.de
www.freilichtmuseum-neuhausen.de
www.lagerhaus-lauter.de
www.luzmuehle.de

Schokoladen-Flammeri von Musmehl

Für das Musmehl-Schokoladen-Flammeri:

250 ml Milch
40 g Musmehl
35 g weiße Schokoladenkuvertüre
2 Eigelb (von kleinen Eiern)
2 Eiweiß (von kleinen Eiern)
150 g geschlagene Sahne
4 Blatt Gelatine

Für das Rhabarber-Ragout:

300 g Rhabarber
80 g Zucker
200 ml Weißwein
1 EL Vanillepudding-Pulver

Die Getreidemühle Luz in Münsingen-Buttenhausen wurde eben als einer der wenigen Hersteller von Musmehl genannt. In unmittelbarer Nachbarschaft, nur wenige Kilometer aufwärts im Tal der Großen Lauter, liegt Dapfen. Und hier gibt es das »Lagerhaus«, Café und Chocolaterie, kreiert und betrieben von Ruth und Eberhard Laepple.

In diesem Haus, direkt an der Lauter gelegen, gibt es auch noch eine sehr experimentierfreudige Küchenchefin und Konditorin, die zwar auch aus der Nachbarschaft stammt, aber während ihrer Ausbildung auf der ganzen Welt unterwegs war, zum Beispiel auf Forschungsschiffen zum Nord- und zum Südpol. Aber wer die Welt im Großen kennt, besinnt sich doch auch immer wieder gern auf Traditionelles aus der Heimat, zum Beispiel auf das Musmehl. Drei Beispiele hat sie neu fürs »Lagerhaus« kreiert. Zum einen eine Musmehlpolenta mit Albkäse, Rote-Bete-Sauce und frischem Gemüse, dann Rosmarin-Hefe-Schnecken mit Musmehlstreuseln und das Musmehl-Schoko-Flammeri, das hier genauer beschrieben sei. Drei interessante Möglichkeiten, dem Musmehl als regionaler Spezialität wieder auf die Beine zu helfen.

Barbara Hoffmann

Für das Musmehl-Schokoladen-Flammeri kocht Barbara Hoffmann die Milch mit der weißen Schokoladenkuvertüre auf und sobald beides aufwallt, gibt sie das Musmehl dazu. Die Zauberformel heißt hier: gut rühren, bis das Musmehl richtig aufgequollen ist. Eigelb rein. Wieder gut rühren. Dann die in kaltem Wasser eingeweichten Gelatineblätter gut ausdrücken und in die warme Masse rühren. Ist die Masse ausgekühlt, Sahne und Eischnee unterheben. Danach den Flammeri in Förmchen füllen und kalt stellen. Mindestens vier bis fünf Stunden.

Je nach Jahreszeit oder Bestand in der Gefriertruhe Ragout von Rhabarber, Zwetschgen oder Quitten dazugeben. Dazu den Zucker karamellisieren, mit Weißwein ablöschen, den Esslöffel Puddingpulver in wenig kaltem Wasser anrühren und den Weißwein abbinden, alles gut aufkochen. Danach die geschnittenen Früchte darin weichkochen, zirka fünf bis zehn Minuten. Mit frischen Früchten der Saison, gern auch mit Schokoüberzug, anrichten. Ein Nachtisch, der Tradition und Moderne verbindet.

Guten Appetit!

Schwäbisch-Hällisches Landschwein

Vielfalt. An sich ein schönes Wort. Die Phantasie des Einzelnen ist es natürlich, die die eigentliche Vielfalt hinter diesem Wort kreiert. Beim einen wird es das Schlaraffenland sein, beim anderen Multi-Kulti, wieder andere erkennen darin ein abwechslungsreiches Leben, privat wie geschäftlich. Es wird auch gern von der Vielfalt Europas gesprochen, gewissermaßen als der Seele dieser doch noch recht jungen Verbindung verschiedenster Menschen und Kulturen mit gemeinsamer Kasse. Alle beschwören die Vielfalt, ob es die deutsche Kanzlerin ist, Schriftsteller wie Karel Capek oder der »Club of Rome«.

Die Artenvielfalt ist ein Gebot der Stunde

Auf der anderen Seite ist der EU die Vielfalt wieder ein Dorn im Auge, hat man so den Eindruck. Denken wir nur an die Vorschriften für den Krümmungsgrad von Gurken und an jene für die Gestalt verschiedener Gemüsesorten. Dem einen passt die grottenkrumme Gurke nicht in die Euronormschachtel, dem anderen die überzwerch gewachsene Bohne nicht aufs Fließband, die in Falten gelegte Tomate nicht in die Optik und das Hinterwälderrind hat zu wenig Schlachtgewicht. Die Liste ließe sich beliebig ergänzen. Die andere Gefahr lauert von den Großkonzernen der Agrarindustrie und deren Lobby. Andere würden sogar sagen, sie lauert nicht, sie bedroht uns und vor allem die Artenvielfalt in massivster Weise. Was nicht markt- oder industriegerecht ist, wird aussortiert.

So ist es beispielsweise nur der Dickschädeligkeit und Standfestigkeit einiger weniger Bauern zu verdanken, dass es das Schwäbisch-Hällische Schwein noch gibt. Rund 150 Jahre war es das Schwein der Wahl, robust, gesund, fruchtbar. Im Württembergischen lag der Marktanteil 1959 noch bei 90 Prozent, im Hohenlohischen sogar bei 99,1 Prozent, zehn Jahre später galt es quasi als ausgestorben. Dieses Beispiel zeigt einmal mehr: Die Erhaltung der Artenvielfalt bei Pflanzen und Tieren ist quasi das Gebot der Stunde. Artenvielfalt als Synonym für ein Leben mit Zukunft.

Die Hohenloher Bauern um den »Motor« der Renaissancebewegung Schwäbisch-Hällischer Schweine, Rudolf Bühler, waren vermutlich mit die Ersten, wenn nicht sogar *die* Ersten, die in Baden-Württemberg eine Kehrtwende einleiteten, die versuchten, Fehlentwicklungen der 1960er- und 1970er-Jahre zu korrigieren. Aus heutiger Sicht durchaus mit Erfolg.

Bühler, diplomierter Agraringenieur und Biobauer, früher Entwicklungshelfer in Afrika und Asien, hat den Zeitgeist dafür verantwortlich gemacht, dass das Schwäbisch-Hällische Schwein einst von den Höfen verschwand. »Es war der Zeitgeist, der nach Standardisierung der Schweinezucht rief mit dem Ziel, ein industriegerechtes deutsches Einheitsschwein zu züchten; der holländische Magerschweine importieren ließ, die schneller wachsen und eine Rippe mehr haben sollten; der Forschung, Lehre und Beratung veranlasste, den Fortschritt im Einsatz von Antibiotika und Leistungsförderern zu suchen; der alles Althergebrachte als rückständig und altbacken brandmarkte.«

Bauern, die an den »Mohrenköpfen«, wie die Schwäbisch-Hällischen auch liebevoll genannt werden,

festhielten, seien belächelt und mit Preisabschlägen bestraft worden. Schließlich hätten bald nur noch wenige kleinere Betriebe Schwäbisch-Hällische Sauen gehalten und 1969 sei die Zuchtbuchführung auf Anordnung der Zuchtleitung in Stuttgart gänzlich eingestellt worden. Die Geschichte einer einstmals so erfolgreichen Landschweinrasse hätte damit zu Ende sein können.

Begonnen hat sie beim zweiten württembergischen König, beim »Landwirt auf dem Königsthron«, bei

Ein »Schwäbisch-Hällisches« mit viel Auslauf

Produzieren ist eine Sache, verkaufen die andere. Die Haller haben in der Landeshauptstadt gleich zwei Märkte an prominenter Stelle: hier der Markt am Vogelsang.

König Wilhelm I. ums Jahr 1820 herum. Die sogenannten »Chinesenschweine« aus der chinesischen Provinz Jinhua, einer Mittelgebirgsregion in Zentralchina, waren über England schließlich auch nach Württemberg gelangt, mit dem Ziel der »Hebung der Schweinezucht«, wie das »Landwirtschaftliche Correspondenzblatt« berichtete. Auch wurde nicht versäumt, die guten Eigenschaften des Chinesenschweins zu nennen: Bis zu über zwanzig Ferkel sollten die Muttersauen werfen, sie seien genügsam und zahm und würden den Boden nicht umwühlen. Gutes, festes Fleisch würden die neuen Schweine liefern von gar vorzüglicher Qualität. Und das Schönste daran: Diese Eigenschaften würden auch nach der Anpaarung mit den hiesigen Landschweinen noch erhalten bleiben. Das waren doch mal gute Aussichten.

Interessant ist, bis zum Anfang des 19. Jahrhunderts wurden in Mitteleuropa nur domestizierte Wildschweine gehalten. Durch die Einkreuzung der chinesischen Schweine sind so erstmals die bekannten Hausschweinerassen entstanden. Und egal, wo wir heute hinblicken, nach England, Frankreich, Spanien, Italien, in die Schweiz, nach Österreich, Polen, Tschechien, ja selbst in die USA, überall haben die Sattelschweine (die schwarze Grundfarbe wird in der Mitte von einem hellen Sattel unterbrochen) ihren genetischen Ursprung in China.

Den leicht sperrigen Namen »Schwäbisch-Hällisches Landschwein« erhielten die »Mohrenköpfle« einfach durch die Tatsache, dass sie sich im einstigen Königreich Württemberg in der Region um Schwäbisch Hall am meisten verbreitet hatten. Dazu schreibt das »Landwirtschaftliche Correspondenzblatt« 1844: »Das Hällische Land ist das Land der Schweine, denn nirgends versteht man sich auf Schweinemast und Schweinezucht so gut wie im Hällischen, nirgends sonst wird sie in der Ausdehnung getrieben und nirgends trifft man die eigenthümliche vorzügliche Race von Schweinen an, welche der Hällische Bauer hat.«

Rudolf Bühler weiß in seinen zahlreichen Veröffentlichungen auch davon zu berichten, wie stolz die

Eine reiche Angebotspalette an Fleisch- und Wurstwaren

Stadt Hall auf ihre blühende Schweinezucht war. 1841, anlässlich des 25-Jahre-Kronjubiläums Wilhelms I. in Cannstatt, sei auf der Fahne der Stadt und des Oberamts Hall ein »ächt Hällisches Mutterschwein mit seinen Jungen« vorgestellt worden.

Die gute Qualität der Hällischen Schweine schlug sich auch im Preis nieder. 1885 schreibt der Amtstierarzt Koch: »[…] sie werden auch teurer als alle anderen bezahlt.« Und nicht nur das, so wird berichtet. In Linz erhielten Haller Tiere 1883 bei der großen landwirtschaftlichen Ausstellung sogar die höchste Ehrenauszeichnung, die Silberne Verdienstmedaille.

Alle waren also zu jeder Zeit voll des Lobes ob des tollen Schweines. 1925 wurde dann erstmals eine Züchtervereinigung für das Schwäbisch-Hällische Landschwein gegründet, wie Bühler aus den Annalen weiß. Als Zuchtziel sei festgelegt worden: »[…] ein mittelfrühes, verhältnismäßig großwüchsiges Schwein von großer Fruchtbarkeit und mit guter Futterverwertung, das sich zur Herstellung von Frisch- und Dauerwaren eignet.«

15 Jahre des Wiederaufbaus nach dem Krieg waren vorbei, Deutschland hatte sich wieder berappelt, man hatte wieder was und man war wieder wer, aber, bitteschön, mit den alten Zöpfen sollte Schluss sein. Was Anderes musste her, was Neues, Modernität war gefragt. Auf allen Ebenen des täglichen Lebens: Kleidung, Möbel, Essen, Ausgehen, Autos, Urlaub. In der Architektur wurden die Grundsteine für die unsäglichen 1970er-Jahre gelegt – gewachsene und gesunde Ortskernstrukturen wurden niedergewalzt zugunsten hässlicher Sichtbetonbauten, wo dann bei den Einweihungsfeiern unisono und gebetsmühlenartig betont wurde, wie gut und harmonisch sich doch die neuen Bauten in die alte Bausubstanz integrieren würden. Vermutlich, um eventuell aufkeimenden Protest schon in der Wurzel zu ersticken. Und die gleiche Stimmung herrschte auch in der Landwirtschaft. Das ganze Buch, das Sie hier lesen, ist ja durchzogen von Beispielen.

Der letzte Eber landete beinahe im Museum

Keinen Tick anders war es in der Schweinezucht, bei den Schwäbisch-Hällischen. Der Zeitgeist wehte, wie Rudolf Bühler eingangs feststellte, ja, er stürmte. Und zwar verdammt effektiv. Nur noch einige kleinere Betriebe hielten ihren Hällischen noch die Treue. Zehn Jahre später, am 30. Januar 1970, wollte der damalige Landrat Roland Biser dem Schwäbisch-Hällischen Schwein noch ein Denkmal setzen. Biser habe damals empfohlen, »den letzten lebenden Schwäbisch-Hällischen Eber auszustopfen und ins Keckenburgmuseum zu bringen, weil das Schwein weltweit für Schwäbisch Hall geworben hat.«

Als dann 1983 schließlich der damalige Leiter der Landesanstalt für Schweinezucht in Forchheim an die Haller Zeitung einen Bericht gibt mit dem Titel »Das Schwäbisch-Hällische Landschwein – eine ausgestorbene Schweinerasse«, war das für einige Hohenloher Bauern quasi der Startschuss zum Gegenangriff.

Die Keimzelle des Widerstands war wohl die Gaststätte »Zur Sonne«, heute »Sonnenhof«, in Wolpertshausen, das Elternhaus von Rudolf Bühler. Seit vierzehn Generationen ist dieser Hof an der einstigen Salzstraße von Hall ausgehend über Nürnberg nach Prag im Besitz der Familie Bühler. Schon früher, so schreibt der heutige Besitzer Rudolf Bühler, seien von hier wesentliche Impulse für die ländliche Entwicklung der Region ausgegangen. Und heute, so Bühler weiter, »ist der Sonnenhof in der Bundesrepublik mittlerweile eine der bedeutendsten Schaltstellen einer Bewegung geworden, […] deren Ziel es nicht nur ist, der industriellen Fertigung von Lebensmitteln und all den damit verbundenen Risiken und Schäden für Mensch und Umwelt Paroli zu bieten, sondern auch die genetische Vielfalt in der bäuerlichen Landwirtschaft zu erhalten.« Das ist doch mal eine Ansage.

Im Winter 1983 war es, als in besagter »Sonne« nicht nur Erinnerungen an bessere Zeiten ausgetauscht wurden, sondern auch der Entschluss gefasst wurde, die verbliebenen Restbestände an Schwäbisch-Hällischen einer Körkommission vorzustellen, die die wertvolls-

ten, reinrassigen Sauen auswählen und für ein neu zu eröffnendes Zuchtbuch vorschlagen sollte. Der 11. Januar 1984 war dann der denkwürdige Tag, als eine Fachkommission noch ganze sieben reinrassige Zuchtsauen der Schwäbisch-Hällischen feststellen konnte.

Der Widerstand der etablierten Schweinezüchter gegen eine Neubelebung der Schwäbisch-Hällischen Schweine sei bemerkenswert gewesen, berichtet Rudolf Bühler. So blieb den »neuen Alten« eigentlich nur, einen eigenen Zuchtverband zu gründen, was im Januar 1986 dann auch passierte. Es wurde die »Züchtervereinigung Schwäbisch-Hällisches Schwein« gegründet. Das »Haller Tagblatt« vergleicht zwei Tage später die Renaissance der alten Schweinerasse mit dem Aufstieg des Phönix aus der Asche, anhebend zu neuem Höhenflug.

Fleisch von unvergleichlicher Qualität

Die Wiederauferstehung beflügelte die wenigen Mitglieder dermaßen, dass sie die anfänglichen Anlaufschwierigkeiten locker meisterten, den Blick immer nach vorn gerichtet. Sie steckten mit dieser Aufbruchstimmung alles um sich herum an: Das Land zahlte fortan Erhaltungsprämien in Höhe von 150 D-Mark je Wurf reinrassig geborener Ferkel, erste Gasthäuser hoben die »Mohrenköpfle« wieder auf ihre Speisekarte, die Bevölkerung entwickelte allmählich wieder ein Bewusstsein für bedrohte Haustierrassen, und Forschung und Lehre öffneten sich wieder dem Gedanken der Erhaltung genetischer Vielfalt.

Der erneute Durchbruch und die internationale Beachtung der Hällischen Rasse, so konstatiert Bühler, kam durch die Erfolge auf der »Internationalen Grünen Woche« in Berlin in den Jahren 1987 bis 1990. Plötzlich standen die Hällischen Schweine im bundesdeutschen Schlachtleistungswettbewerb aller Rassen alljährlich auf den ersten Rängen und stellten sogar zweimal den Bundessieger für beste Fleischqualität. Interessant, so ein Umschwung, oder?

Jetzt war die Zeit gekommen, den Markt für den Absatz von Zuchttieren und Schlachtschweinen zu organisieren, erinnert sich Bühler. Das führte 1988 zur Gründung der Tochterorganisation »Bäuerliche Erzeugergemeinschaft Schwäbisch Hall«. Dreißig Jahre nach dem Niedergang beginnt eine neue Blütezeit. In den 1990er-Jahren steigt die Zahl der Erzeuger in der Bäuerlichen Erzeugergemeinschaft auf über fünfhundert und die Zuchtvereinigung erreicht bundesweit schon fast zweihundert Mitglieder. Tendenz steigend.

Auch den Medien bleibt der Erfolg nicht verborgen. Selbst in Japan, bei der zweitgrößten Tageszeitung »The Asahi Shimbun« ist das Schwein aus Hohenlohe einen zweiseitigen Bericht wert, und der »Feinschmecker« lässt sich 1994 dazu hinreißen, das Schwäbisch Hällische-Landschwein als den »Superstar unter den Landschweinrassen« zu lobpreisen.

Im Februar 1998 schließlich ziehen die Schweinezüchter mit dem Champagner, dem Parmaschinken oder dem Cognac gleich. Das Schwäbisch-Hällische Qualitätsschweinefleisch erhält mit dem einstimmigen Beschluss der EU-Kommission den EU-weiten Schutz »g.g.A.«, »geschützte geografische Angabe«.

Längst unterhält die Erzeugergemeinschaft einen eigenen Schlacht- und Zerlegebetrieb am kommunalen Schlachthof in Schwäbisch Hall. Eigene Lieferwagen verteilen die Ware im Land. Die Erzeugergemeinschaft hat in bester Autobahnlage in Schwäbisch Hall einen riesigen Regionalmarkt mit erlesenem Sortiment aus dem Boden gestampft und ist in der Landeshauptstadt an prominentester Stelle vertreten: zum einen in der Markthalle, mitten im Zentrum Stuttgarts, ferner in der einstigen Bauernmarkthalle, heute »Markt am Vogelsang« im Stuttgarter Westen.

Den Erfolg der Marke »Schwäbisch-Hällisches Landschwein« führt Rudolf Bühler auf mehrere Faktoren zurück. Eine große Rolle spielten hierbei Idealismus und hohe Motivation der beteiligten Landwirte sowie ihre Bereitschaft, ein Produkt in Top-Qualität herzustel-

len. Hinzu kam ein gezieltes und umfassendes Marketing mit sehr viel Ideenreichtum. Eine wichtige Rolle spielte auch noch das frühzeitige Erkennen von Trends im Fleischkonsum. Dem Produkt »ein Gesicht« zu geben, bezeichnet der Agrarmanager als ebenso unabdingbar wie eine glaubhafte Philosophie hinter dem Produkt.

Es gab also einen Zeitpunkt, an dem die Uhr für das Schwäbisch-Hällische Landschwein nicht fünf vor, sondern schon zehn nach zwölf stand. Den Sturköpfen aus Hohenlohe ist es zu verdanken, dass die Wende geglückt ist. Gut möglich aber, dass der drohende Niedergang die Zukunft des Schwäbisch-Hällischen Schweins erst gesichert hat, weil massiver Widerstand doch manchmal die stärksten Kräfte freisetzt. Allerdings – das sollte man nicht vergessen –, der Schuss hätte auch nach hinten losgehen können.

Wichtige Internetadressen

www.besh.de
www.g-e-h.de
www.victoria-weinkeller.de
www.wackershofen.de

Hier ist gut Schwein sein: im Freilandmuseum Wackershofen.

Filet und Kotelett vom Schwäbisch-Hällischen Landschwein
mit Blutwurst-Tortelloni und Spargel

Für das Schweinefilet:
240 g Schweinefilet vom Schwäbischen-Hällischen Landschwein
3 EL gehackte Petersilie
1 EL gehackter Kerbel, Estragon, Thymian
Frischhaltefolie
Alufolie

Für die Koteletts:
4 Koteletts vom Schwäbischen-Hällischen Landschwein à 120 g
3 Knoblauchzehen
1 Rosmarinzweig
200 g Butter

Für die Artischocken:
6 kleine Artischocken (Poweraden)
Olivenöl
1 Knoblauchzehe
Gemüsebrühe

Für den Paprika:
je 2 gelbe und rote Paprika
1 Knoblauchzehe
1 Thymianzweig

Für die Tortelloni:
Nudelteig aus 6 Eigelb, 200 g Mehl, 1 Prise Salz, 1 EL Öl
200 g Blutwurst, klein gewürfelt
1 Ei zum Bestreichen

8 Stangen grüner Spargel
12 kleine Karotten

Salz, Pfeffer, Öl

Hubert Retzbach, Sternekoch und »Koch des Jahres 2006 in Baden-Württemberg«, setzt voll auf die Produkte seiner Heimat. Deshalb gehören »Boeuf de Hohenlohe« und Schwäbisch-Hällisches Landschwein zum festen Bestandteil seiner Speisekarte in der »Zirbelstube« des Hotels »Victoria« in Bad Mergentheim, der fast tausend Jahre alten Deutschordensstadt.

In seiner Küche hat er schon ein Filetstück und die Koteletts vom »Mohrenköpfle« bereitgelegt. Das Filet hat 240 Gramm. Retzbach will es pochieren. Eine sehr schonende Garmethode. Zunächst wird es aber kräftig mit Salz und Pfeffer aus der Mühle gewürzt. In einem Teller liegen bereits drei Esslöffel Petersilie und ein Esslöffel Kerbel, Estragon und Thymian, alles fein gehackt. Die Kräuter können übrigens je nach Geschmack auch eine ganz andere Zusammensetzung haben. Das leicht mit Öl eingestrichene Filet wird in dieser Kräutermischung gewälzt, bis es ganz ummantelt ist. Jetzt das Filet fest in eine Frischhaltefolie einwickeln, danach in Alufolie. Und ab geht's ins 80 Grad heiße Wasser, zehn bis zwölf Minuten lang. Danach muss das Fleisch noch fünf Minuten ruhen.

Hubert Retzbach

Woher weiß ich nun, wann das Fleisch gar ist, und zwar genauso, wie ich es haben will? Retzbach, der seinen Schliff in »Brenner's Parkhotel« in Baden-Baden erhalten hat, hat hier einen für jeden nachahmbaren Trick. Mit einer zirka anderthalb Millimeter dicken Metallnadel sticht er gegen Ende der Garzeit durchs Zentrum des Filets. Nach drei Sekunden zieht er die Nadel wieder raus und hält den Teil der Nadel, die im Zentrum des Filets war, an die Lippen. Ist die Nadel lauwarm, ist das Fleisch noch roh. Ist die Nadel gerade noch erträglich heiß, hat das Fleisch eine Kerntemperatur von 55 bis 60 Grad, ist also goldrichtig. Verbrennt man aber die Lippe, ist das Filet mehr als durch. Übrigens: Der Tasttrick mit den Fingern funktioniert deshalb nicht, weil das Fleisch in der festen Verpackung nicht entsprechend nachgeben kann.

Sechs geviertelte, kleine Artischocken (Poweraden) wurden mit Salz, Pfeffer gewürzt, mit etwas Gemüsebrühe, zu der eine Knoblauchzehe hinzugegeben wurde, angegossen und 15 Minuten bei 200 Grad im Ofen weichgegart.

Die zwei roten und zwei gelben Paprika durften geputzt und geviertelt ebenfalls in den mit 200 Grad vorgeheizten Ofen und zwar in einer geölten feuerfesten Form zusammen mit Salz, Pfeffer, Knoblauchzehe und Thymian. Das Ganze, mit Alufolie verschlossen, bleibt 40 Minuten im Ofen. Kurz abkühlen lassen, Haut abziehen und in Rauten schneiden.

Die acht grünen Spargelstangen wurden geputzt und die zwölf Karöttchen geschält, kurz blanchiert und in Eiswasser abgeschreckt.

200 Gramm Blutwurst nimmt Hubert Retzbach für die Tortelloni. Ein dünn ausgerollter Nudelteig, gekauft oder selbstgemacht, wird mit Ei bestrichen und die Blutwurst-Masse (in kleine Würfelchen geschnitten) im 6-Zentimeter-Abstand in nussgroßen Portionen auf den Teig verteilt. Den Teig mit den Blutwurstklecksen in Quadrate schneiden, über Eck zusammenfalten, um die Füllung herum gut andrücken und die linke und rechte Ecke des Dreiecks übereinanderschlagen. Auf bemehltem Blech etwa 30 Minuten trocknen lassen. Vor dem Anrichten kurz in Salzwasser kochen, herausnehmen und zum Abtropfen auf ein Tuch legen.

Was unterscheidet nun das Fleisch eines »Mohrenköpfles« von handelsüblichen Mastschweinen? Retzbach: »Der ganze eigene, feine, aber ausdrucksstarke Geschmack. Und das Fleisch läuft beim Braten nicht aus, ist fest. Denn die Schweine haben Auslauf und stehen nicht ihr Leben lang einfach in einer engen Box.« Und Retzbach weiß, wo seine Schweine herkommen. Er kauft sie von Kleinerzeugern mit 15 bis 20 Schweinen im Umkreis von maximal 15 Kilometern.

Fehlen jetzt nur noch die vier 120 Gramm schweren Koteletts. Mit Salz und Pfeffer nicht sparen. Olivenöl in einer Pfanne erhitzen. Die drei Knoblauchzehen andrücken und mit dem Rosmarinzweig in die Pfanne geben. Die Koteletts einlegen und auf jeder Seite eine Minute anbraten. Dann sieben Minuten in den mit 180 bis 200 Grad vorgeheizten Ofen und anschließend nochmals kurz in Butter nachbraten. Des feinen Geschmacks wegen.

Das Ganze hübsch angerichtet, ein leichtes, aber sehr schmackhaftes Frühlingsessen. Den Hohenloher »Sturköpfen« sei Dank. *Guten Appetit!*

Limpurger Rind

»Wissen Sie, die haben teilweise eine große kriminelle Energie – aber vor diesen Tieren hier haben sie plötzlich Angst«, sagt Martin Krauß und meint damit die Insassen von Kleincomburg, der Außenstelle des Schwäbisch Haller Gefängnisses. Er ist hier für die Limpurger Rinder zuständig. Und weil dem so ist und die Gefangenen im offenen Vollzug kurz vor ihrer Entlassung wieder resozialisiert werden sollen, wird die Arbeit mit den Rindern auch als Therapie eingesetzt.

Im 19. Jahrhundert ein Exportschlager in Europa

Die Insassen haben Respekt vor den Tieren und lernen deshalb auch den verantwortungsvollen Umgang mit ihnen. »Es ist unglaublich, welche Kraft und welcher positive Einfluss von den Tieren ausgeht«, fährt Krauß fort und nennt ein Beispiel. »Wir hatten einen suizidgefährdeten Gefangenen hier, der wurde durch die Arbeit mit den Limpurgern wieder völlig normalisiert.« Während unseres Gesprächs setzt sich die ganze Herde vor der bombastischen Kulisse des einstigen Klosters Comburg, der Kleincomburg und Teilen Schwäbisch Halls in Bewegung und kommt auf uns zugelaufen. Die Tiere sind neugierig geworden, erkunden, was sich denn am oberen Rand ihrer Weide abspielt.

Die gleiche Rasse von Tieren – allerdings noch mit Hörnern – könnte bereits zu Zeiten von Wilhelm Ulrich von Guttenberg (ein Vorfahr von Karl-Theodor von und zu Guttenberg) auf dieser Weide gestanden haben. Das war Anfang des 18. Jahrhunderts, als der Adlige die romanische Stiftskirche auf der Großcomburg durch einen barocken Neubau ersetzen ließ. Das Limpurger Rind graste damals schon in Hohenlohe, es ist die älteste noch existierende Rinderrasse Württembergs. So ganz im Klaren sind sich die Fachleute freilich noch nicht darüber, ob die Rasse gleich nach dem Dreißigjährigen Krieg, also im 17. Jahrhundert, oder erst im frühen 18. Jahrhundert entstanden ist. Aber woraus sie entstanden ist, das wissen sie. Es ist eine Kreuzung aus dem damals verbreiteten Roten Landvieh mit dem Allgäuer Vieh. Den Namen erhielt die Rasse von der Grafschaft Limpurg, die bis zur Säkularisation im Jahre 1803 südlich von Schwäbisch Hall bestand und anschließend Württemberg zugeschlagen wurde. Manche sprechen auch von »Leintälern«, weil entlang des gleichnamigen Flüsschens viele Limpurger gehalten wurden. Das klassische Verbreitungsgebiet war der Welzheimer Wald und das Gebiet zwischen Gaildorf, Schwäbisch Gmünd und Aalen.

Die guten Eigenschaften der Limpurger wurden bei den meist kleineren Bauern sehr geschätzt: Langlebigkeit, Robustheit, Ausdauer, Frohwüchsigkeit, Genügsamkeit, feiner Knochenbau, gute Ausschlachtung, feinfaseriges Fleisch, ordentliche Milchleistung und außerordentliche Tageszunahmen. Früher wurde das Limpurger Rind als Dreinutzungsrind gehalten: für Milch, Fleisch und als Zugtier. Die kleineren Bauern konnten sich nämlich keine teuren Pferde leisten.

Im 19. Jahrhundert wurden die Limpurger zum Exportschlager. In der Literatur ist von »ganz vorzüg-

Martin Krauß mit seinen Limpurgern

lichem, saftigem, zartem und wohlschmeckendem Fleisch« die Rede, was sich auch außerhalb der Landesgrenzen schnell herumgesprochen hatte. Die Pariser Feinschmecker prägten den Begriff »Boeuf de Hohenlohe« und darunter fielen auch die Limpurger neben Gelbvieh, Scheinfelder, Haller Braunblessenschlag und Simmentaler. Ganze Herden wurden an die Seine bis nach Paris getrieben. Offensichtlich ein einträgliches Geschäft.

Ende des 19. Jahrhunderts fand dann ein Verdrängungswettbewerb statt. Viele Betriebe stellten auf die Simmentaler, die Vorläufer des heutigen Fleckviehs, um. Höhere Milch- und Fleischerträge erhoffte man sich von den größeren und schwereren

Tieren. Wie die »Gesellschaft zur Erhaltung alter und gefährdeter Haustierrassen« (GEH) im hessischen Witzenhausen berichtet, sollen die Gemeinden in den 1920er- und 30er-Jahren sogar verpflichtet worden sein, Fleckviehbullen als Vatertiere zur Deckung aufzustellen. Reinzucht mit Limpurger Tieren sei in manchen Gemeinden so nicht mehr möglich gewesen.

Durch den Zuchtverband für Limpurger Vieh wurde schon kurz nach der Jahrhundertwende versucht, durch Einkreuzung von Glanvieh und Franken, dem heutigen Gelbvieh, die Konkurrenzfähigkeit des Limpurger zu verbessern. Der Niedergang sei trotzdem nicht aufzuhalten gewesen, schreibt die GEH. Die zunehmende Mechanisierung der Landwirtschaft, vor allem in den Nachkriegsjahren, machte Rinder mit guter Zugleistung überflüssig, weshalb die Limpurger fast vollständig aus den Ställen verschwunden seien. Deshalb auch wurde der Zuchtverband im Jahr 1963 aufgelöst. Die Zahlen sprechen hier eine sehr eindrückliche Sprache: 1897 wurden noch 56 000 Limpurger Rinder gezählt, 1963 standen nur noch 17 Kühe und ein Bulle im Herdbuch.

Die Rasse ist noch immer extrem gefährdet

Nachdem die württembergische Traditionsrasse Limpurger um 1980 als fast ausgestorben galt, machten sich Vertreter der GEH 1986 auf die Suche nach noch vorhandenen Restbeständen der Limpurger: Das waren Prof. Hans-Hinrich Sambraus, langjähriger Vorsitzender dieser Gesellschaft, und Hans Wieland, der Rinderkoordinator der GEH. In der Folge wurde im Mai 1987 die Züchtervereinigung Limpurger Rind neu gegründet, von vierzehn Mitgliedern. Mit der Bestellung eines staatlichen Zuchtleiters und die Aufnahme der Limpurger in das Förderprogramm des Landes unterstützte das Land Baden-Württemberg die Gründung von Anfang an. Heute gibt es wieder 450 Tiere auf 75 Höfen, stellt Zuchtleiter Dieter Kraft fest. In der Roten Liste der bedrohten Nutztierrassen, die auch von der GEH herausgegeben wird, heißt das aber immer noch: Kategorie »extrem gefährdet«. Um nicht mehr als gefährdet zu gelten, müssen die Limpurger noch um weitere siebentausend Tiere aufgestockt werden. Es wird also sicher noch ein langwieriger Prozess sein, bis die Limpurger aus dem Gröbsten raus sind.

Aber es wird inzwischen auch fleißig gestrampelt, um vorwärts zu kommen. So hat die Mitgliederversammlung der GEH das Limpurger Rind zur »gefährdeten Nutztierrasse des Jahres 2011« gewählt. Das bedeutete für die Limpurger täglich mehrere Auftritte vor internationalem Publikum mit Ministerbegleitung auf der »Grünen Woche« in Berlin. Als weitere flankierende Maßnahme hat das Land 2010 über seine Marketing-Gesellschaft die Spezifikation »Weideochse vom Limpurger Rind« beim Deutschen Patent- und Markenamt in München zum Schutz der Ursprungsbezeichnung eingereicht. Das »Boeuf de Hohenlohe« besitzt bereits den Schutzstatus »g.g.A.«, »geschützte geografische Angabe«.

Limpurger-züchter bei einer Prämierung im Freilandmuseum Wackershofen

Internationale Unterstützung erhalten die Rinder von Slow Food. Nach der Aufnahme der Rasse 2005 in die »Arche des Geschmacks« folgte 2009 die Aufnahme in das Presidio-Projekt. Das zog 2010 auch den Auftritt beim »Salone del Gusto« in Turin nach sich. Hier konnten die Hohenloher Züchter feststellen, dass ihre Rinder den internationalen Vergleich nicht zu scheuen brauchen.

Noch ist das Angebot an Fleisch vom Limpurger Rind, das die Züchter meist selbst vermarkten, relativ überschaubar. Abnehmer ist vor allem die regionale Top-Gastronomie, die mehr und mehr merkt, welche Bedeutung es hat, auf eine Rinderrasse aus der eigenen Region zurückgreifen zu können. Doch verglichen mit den europäischen Nachbarn in Frankreich, Italien oder Spanien ist dieses Bewusstsein sicher noch ausbaufähig.

Wichtige Internetadressen

www.g-e-h.de
www.landgasthofadler.de
www.limpurger-rind.de
www.rind-bw.de

Tatar vom Limpurger Rind

mit Matjes, Waldklee, Roter Bete und Kräutersalat

Für das Tatar:

- *400 g* Rinderfilet (frisch!) vom Weideochsen des Limpurger Rinds
- *4* Matjesfilets, ganz junge, zarte »Primtjes« oder »LS Matjes« (LS steht für leicht gesalzen)
- *50 g* Essiggurke
- *50 g* Schalotten
- *50 g* Sardellen
- *50 g* Kapern
- *1 EL* Chiliöl
- geräucherter Rosenpaprika

Für den Salat:

- *150 g* Rote Bete, frisch oder aus dem Glas
- *100 g* Kräutersalat nach Saison und eigenen Vorlieben, z. B. junge Rote-Bete-Blätter, glatte Petersilie, Brunnenkresse, Bärlauch, Oregano etc.

Salz, Pfeffer, Zucker, Essig, Öl

Ein Fleisch, das im 19. Jahrhundert, seiner feinen Qualität wegen, weit jenseits der Landesgrenzen von Pariser Feinschmeckern geschätzt wurde und mit zur Prägung des Markenbegriffs »Boeuf de Hohenlohe« beigetragen hat, kann auch heute für die Top-Gastronomie nicht so falsch sein. Die Weideochsen vom Limpurger Rind müssen langsam wachsen, dürfen deshalb nur weiden, und werden im Winter mit Wiesenheu gefüttert. Jede Beigabe von Soja oder Maissilage ins Futter ist verboten. Die Schlachtung der Ochsen darf frühestens ab dem 25. Monat erfolgen.

Ein derart gewonnenes Fleisch und davon auch noch das Filet liegt vor Josef Bauer auf dem Schneidebrett in der Küche des Landgasthofs »Adler« in Rosenberg im Ostalbkreis. »Ganz frisch muss es sein für Tatar, ja nicht abgehangen, dann hat es auch noch seine frische rote Farbe«, stellt Josef Bauer gleich klar.

Mit rasiermesserscharfem Messer schneidet er es in ganz kleine Würfelchen. Schon in Schälchen vorbereitet stehen gewürfelte Essiggurken, gewürfelte Schalotten, zerkleinerte Sardellen und Kapern bereit. Bauer, dekoriert mit einem Michelin-Stern seit 1990, gibt alles in ein Schüsselchen, geräucherten Rosenpaprika, Salz, Pfeffer und einen Esslöffel des selbstangesetzten Chiliöls dazu, vermengt alles vorsichtig miteinander.

Josef Bauer

Die Rote Bete für den Salat hat der Sternekoch natürlich selbst zubereitet, wobei er durchaus auch für die Konservenvariante Verständnis hat. Die Würfelchen der abgekühlten Bete werden mit einer kleinen Prise Zucker geduscht, Salz und Pfeffer dazu, einen Spritzer Essig und ein neutrales Öl. Fertig ist das Salätchen, voll mit viel Vitamin B, Kalium, Eisen und vor allem Folsäure.

Zum Rot von Fleisch und Bete kommt mit der grün-gelben Kräutersalatmischung sowohl ein farblicher als auch ein geschmacklicher Kontrast mit auf die Platte. Je nach Saison und persönlichen Vorlieben lässt es sich hier variieren. Die schwer in Mode gekommenen Rote-Bete-Blätter oder auch Sprossen lassen sich trefflich mit Brunnenkresse, glatter Petersilie und Bärlauch verarbeiten. Der Fantasie sind hier keine Grenzen gesetzt.

Jetzt fehlt natürlich noch ein weiterer Pfiff in dieser frühlingshaften Vorspeise oder Zwischenmahlzeit: das Matjesfilet. Wobei das nicht irgendein Matjes sein sollte, wenn's richtig gut schmecken soll. Josef Bauer, der im über sechshundert Jahre alten »Adler« Tradition mit Moderne und Bodenständiges mit Internationalem verbindet, hat hier einen Geheimtipp: »Primtjes«, verrät der Patron mit einem verschmitzten Lächeln, »Primtjes müssen es sein. Das sind ganz junge und jungfräuliche Heringe, gewissermaßen die kleinsten, feinsten und zartesten, die Holland zu bieten hat. Die Primtjes-Saison wird mit einem richtigen Kult eröffnet: Königin Beatrix von den Niederlanden bekommt am letzten Wochenende im Mai alljährlich das erste Fässchen mit den besonders jungen Heringen. Das Wort »Primtjes«, eine Wortschöpfung aus »Primeur« und »Matjes«, soll das Außergewöhnliche dieser Heringe zum Ausdruck bringen. Die Zartheit wird begleitet von einer besonderen Milde, herrührend von den lediglich drei Prozent Salzgehalt bei der Reife in Fässern an der Gräte und in der Haut – gegenüber sonst üblichen zwölf Prozent, die natürlich die Haltbarkeit begünstigen.

Diese Kostbarkeit, verbunden mit dem besonderen Fleisch des Weideochsen vom Limpurger Rind, lässt den Feinschmecker geradezu mit der Zunge schnalzen. Besonders wenn alles noch nett angerichtet ist.

Guten Appetit!

Tauberschwarz

Identität – wer sucht die gerade nicht? Wahre Zauberkraft wird ihr nachgesagt. Aber wie das mit dem Zauber so ist, man muss manchmal lange warten, bis eine Prinzessin kommt, die den Frosch küsst.

Was heißt das übersetzt auf das Taubertal und unser Thema? Nun, dass einige Menschen dort seit geraumer Zeit – zugegebenermaßen auch aus touristischen Gründen – auf der Suche nach der echten Taubertäler Identität waren. Und weil diese zu finden sich als ungeheuer schwierig herausgestellt hat, dachten ein paar ganz clevere Zeitgenossen, sie schicken einmal die Studenten der Berufsakademie für Kulinaristik in Bad Mergentheim auf die Suche. Auf die Suche nach dem Typischen für diese Gegend und damit auf die Suche nach dem Identitätsstiftenden.

Eine Traube für eine ganze Region

Die Freunde der Kulinaristik stießen recht bald auf das Schwäbisch-Hällisches-Schwein, auf den Grünkern, auch auf Schloss Weikersheim oder das berühmte Deutschordensschloss in Bad Mergentheim, das fast dreihundert Jahre Sitz des Hochmeisters, quasi des höchsten Chefs, des Generalsuperiors des Deutschen Ordens war. Aber all das war noch nicht gut genug, noch nicht typisch genug für das Taubertal. Was also ist es, das der potenzielle Besucher nur und ausschließlich mit dieser Region verbinden könnte? Und da kam selbstredend der »Tauberschwarz« in die Diskussion.

Jetzt könnte man erwidern, dass der Tauberschwarz gar nicht so bekannt ist, als dass viele Menschen wegen ihm ins Taubertal fahren würden. Ja, richtig, aber …, müsste man dann antworten. Denn bekannt war der Tauberschwarz schon früher einmal und das fast fünfhundert Jahre lang. Bis die Rebe und damit auch der Wein im Jahre 1959 als ausgestorben galt.

Und dann überlegten die Identitätssucher weiter: Wer so lange das Tauber- und das benachbarte Vorbachtal geprägt hat, könnte vielleicht ein Kandidat dafür sein, eine Taubertäler Identität neu zu stiften, oder? Gesagt, getan: Die ersten Gehversuche sind gemacht und erweisen sich als vielversprechend.

Die 1950er- bis 1970er-Jahre waren für die Entwicklungen in den verschiedensten Landwirtschaftsbereichen nicht nur einschneidend, man ist geneigt zu sagen, streckenweise sogar verheerend. Totale Landschaftsumbauten durch Flurbereinigungen, Flussbegradigungen, Totalrodungen und so weiter. Wobei die Flurbereinigung keinesfalls grundsätzlich verteufelt werden soll, doch ihre anfängliche Umsetzung hat nicht umsonst in den Folgejahren einen anderen, sensibleren Verlauf genommen. Diesen Aktionen und dem Streben nach immer noch mehr Optimierung durch Rationalisierung fiel in den 1950er-Jahren auch der Tauberschwarz zum Opfer.

Hinzu kommt: Der Tauberschwarz wurde in den älteren Anlagen in einem sogenannten Mischbesatz angebaut. Das diente der Risikominimierung. An sich eine pfiffige Idee der Winzer, die streckenweise in ganz Europa verfolgt wurde. Das Prinzip dieser Art von Weinberggestaltung: Man mischt die verschiedensten Rebsorten bunt zusammen, von Frühblüher bis Spätblüher, und damit ist logischerweise auch der

Zart

Ein kleines Päuschen bei der Tauberschwarzlese

Reifezeitpunkt unterschiedlich. Folge: Die Reben haben unterschiedliche Säuregrade, der Weinsäuregehalt der verschiedenen Rebsorten kann auf diese Weise ausgeglichen werden, was zu relativ gleichbleibenden Weinqualitäten führt. Und auch die Quantitäten erweisen sich bei dieser Anbauform als relativ stabil, da bis zu sieben und mehr verschiedene Rebsorten die Weinbergfamilie bilden. Die Gefahr von totalen Ernteverlusten wird damit weitgehend reduziert.

Dieses Gleichmacherische durch riesige Monokulturen einerseits und andererseits der Versuch, die verschiedenen Weine auf Einheitsgeschmack, auf immer dieselbe Qualität zu trimmen – was einen ja schnell an weltweit operierende Fastfood-Ketten erinnert – wird heute wieder verflucht. Aus nachvollziehbaren Gründen.

Viele Kleinlagen, darunter auch hochwertige Einzellagen, sind damals verschwunden, geopfert auf dem Altar des Einheitsgeschmacks. Und mit der Rodung und der Bereinigung der Fluren ging auch enorm viel genetisches Material verloren, darunter sogenannte autochthone Weine. Das sind wurzelechte Stöcke, die quasi am Fundort entstanden sind, sich seit langer Zeit bodenständig entwickeln und den klimatischen, den Boden- und Feuchtigkeitsverhältnissen, der Höhenlage und der Sonneneinstrahlung anpassen konnten. Genmaterial, das wir bei sich verändernden Klimaverhältnissen vielleicht noch dringend brauchen

Der heutige Tauberschwarz hat nichts mehr mit dem »liederlichen« Wein von einst zu tun.

werden. Genmaterial von Nutzpflanzen, die vielleicht im Moment nicht die idealsten, optimalen und gewinnbringendsten sind, vielleicht aber in fünfzig oder hundert Jahren noch die einzigen sein werden, die hier überhaupt wachsen und gedeihen.

Um hier vorzubeugen, wurde im Juli 2010 die »Deutsche Genbank Reben« des Julius Kühn-Instituts (JKI), des Bundesforschungsinstituts für Kulturpflanzen in Quedlinburg, an den Start geschickt. Erika Maul vom Rebenzüchtungsinstitut des JKI Geilweilerhof in Siebeldingen in der Pfalz formuliert das Ziel so: »Wir wollen eine sortenechte Genbank deutscher Reben.« Darin enthalten auch altertümliche und Wildrebensorten. Angesichts der Klimaveränderung müsse die zur Verfügung stehende genetische Vielfalt eine große Bandbreite haben, so die Expertin. Die Weinwissenschaftlerin sieht in der Erhaltung alter Sorten zudem eine ethische Motivation. Woraus sollten denn nachfolgende Generationen schöpfen können, wenn nichts mehr da sei?

Darüber hinaus bietet das Institut seit 1996 im Internet die internationale Genbank »Vitis International Variety Catalogue« an. In dieser weltweiten Bestandsaufnahme mit knapp zwanzigtausend Einträgen, mit der dem genetischen Verfall vorgebeugt werden soll, ist auch der baden-württembergische Tauberschwarz vertreten.

Der Tauberschwarz ist bereits seit dem 16. Jahrhundert in der heutigen Region Tauberfranken angebaut worden und zwar als Teil des Huntsch, wie der bei der Herrschaft abzuliefernde Zehntwein auch genannt wurde. Ein Mischbesatz der »liederlichsten Art«, wie sich manche Historienschreiber auszudrücken pflegten. Trotzdem, oder gerade deswegen, wurde dem Tauberschwarz eine heilende Wirkung bei der Durchfallerkrankung Ruhr zugesprochen.

Die Rebe des Tauberschwarz taucht schriftlich erstmals 1726 auf und zwar in einem Dekret des Hochstifts Würzburg. Graf Carl-Ludwig von Hohenlohe zu Weikersheim hatte zu der Zeit das Zepter in der Hand. Sie wird als »Tauber schwarzen Weinbergsfexern« (Schnittlinge) erwähnt. »Tauberschwarz« als Name findet erst in den Jahren 1757 und 1768 in den »Fränkischen Sammlungen von Anmerkungen aus der Naturlehre« einer Nürnberger Zeitschrift seinen Niederschlag.

Nach den Rodungen für die Reblandumlegungen 1959 hätte also endgültig Schluss sein können, wenn nicht im Weinberg von Hermann Balbach in Ebertsbronn im Vorbachtal noch ein kleiner Bestand von vierhundert Stöcken Tauberschwarz überlebt hätte. Wiederbelebt wurde die Sorte durch züchterische Auslese der staatlichen Lehr- und Versuchsanstalt Weinsberg. 1987 wurde dann der Antrag auf Eintrag in die Sortenliste gestellt, 1994 erfolgte die Registrierung des Klones »We 600«, und seit Oktober 1996 ist die Rebsorte im Regierungsbezirk Stuttgart für den Main-Tauber-Kreis und zwei Gemeinden des Hohenlohekreises zugelassen.

Noch reicht die Menge nicht für den Export

Das Anbaugebiet für Tauberschwarz wuchs von einem Hektar im Jahr 1986 auf zehn Hektar im Jahr 2001, und in der Rebflächenstatistik von 2008 sind bereits wieder vierzehn Hektar registriert. Winzer und Kundschaft scheinen also gleichermaßen Gefallen an diesem Wein zu finden. Und die Chance, aus einem einst liederlichen Gesöff einen vollmundigen Wein mit Charakter zu machen, liegt zum größten Teil in der konsequenten Ertragsbegrenzung. So wird aus einem blassen ein in sattem Dunkelrot leuchtender Wein mit Aroma. Die Fachleute reden von einem einzigartigen Zartbittergeschmack. Mit Hilfe des Barrique-Ausbaus lasse sich, so Tauberschwarz-Experten, aus dem Wein noch mehr rauskitzeln, allerdings machen das bisher nur wenige Betriebe.

Auch Urban Schurk aus Bad Mergentheim-Markelsheim setzt in seinem Privatweingut auf die Regionalspezialität Tauberschwarz. Zusammen mit dem örtlichen Tourismusverein arbeitet er derzeit an Vermarktungsstrategien. Mit flankierenden Maßnahmen unterstützt werden die Tauberschwarz-Produzenten auch von Slow Food Deutschland und seinem Convivium Hohenlohe-Tauber-Main-Franken. Schurk und seine Kollegen hoffen, ihre Hausrebe baldmöglichst noch besser auf den Schild, sprich, aufs Etikett heben zu können. Das Weinrecht regelt bisher genauestens, wie in Deutschland Weinflaschen zu etikettieren sind. Ihr Wunsch wäre, der Schriftzug *Taubertal* dominierte das Etikett, darunter dann das Wort *Tauberschwarz* und die verschiedenen Ausbauvarianten dazu, von *Rosé* über *Weißherbst* bis hin zum *Ausbau im Holzfass.*

Wer von dem Wein mal kosten will, hat zwei Möglichkeiten: Entweder die Tauberregion einfach besuchen, das lohnt sich nicht nur wegen des Weins, oder übers Internet bestellen. Denn in Geschäften außerhalb der Tauberregion herrscht meistens tiefes Schweigen, erkundigt man sich nach Tauberschwarz. Aber noch reichen die knapp 150 000 Liter eben nicht für den Export.

Wichtige Internetadressen

www.jki.bund.de
www.lvwo-bw.de
www.markelsheimer-wein.de
www.weingut-schurk.de

Feinschmeckereien

In Ihrer Buchhandlung

Jürgen Autenrieth
Annegret Müller-Bächtle
Rainer Fieselmann

Bärlauch, Salbei, Gundermann

Kochen mit Wildkräutern der Schwäbischen Alb

Ein opulentes Kochbuch, das Lust darauf macht, die Wildkräuter der Schwäbischen Alb zu entdecken. Die Kräuterheilkundige Annegret Müller-Bächtle und der Münsinger Koch und Gastronom Jürgen Autenrieth haben die wohlschmeckendsten und gesündesten Wildkräuter gesammmelt und zu köstlichen Gerichten verarbeitet. Mit heilkundlichen und kulturgeschichtlichen Erläuterungen zu den verwendeten Wildkräutern sowie stimmungsvollen Farbfotografien von Rainer Fieselmann.

160 Seiten, 133 farbige Abbildungen, fester Einband.
ISBN 978-3-87407-864-1

Jochen Fischer
Walter Siebert
Gottfried Stoppel

Schwäbische Küchenklassiker – *fein gemacht*

»Schwäbische Hochzeitssuppe«, »Saiblingsmousse mit Kapuzinerkresse«, »Krustenbraten vom Landschwein«, »Rhabarberschaum mit Waldmeisterparfait«: Das neue schwäbische Kochbuch zeigt die Vielfalt einer zeitgemäßen Regionalküche. Es vereint klassische Rezepte und frische Interpretationen altbekannter Gerichte. Das Ganze gewürzt mit Fotos zum Zungeschnalzen und appetitanregenden Lesehäppchen.

240 Seiten, 127 Farbfotos, fester Einband.
ISBN 978-3-87407-886-3.

Silberburg-Verlag
www.silberburg.de

Fränkischer Grünkern

Schwäbisch-Hällisches Landschwein

Geißhirtle

Filderspitzkraut

Alb-Merino

Hinterwälder Weiderind

Höribülle

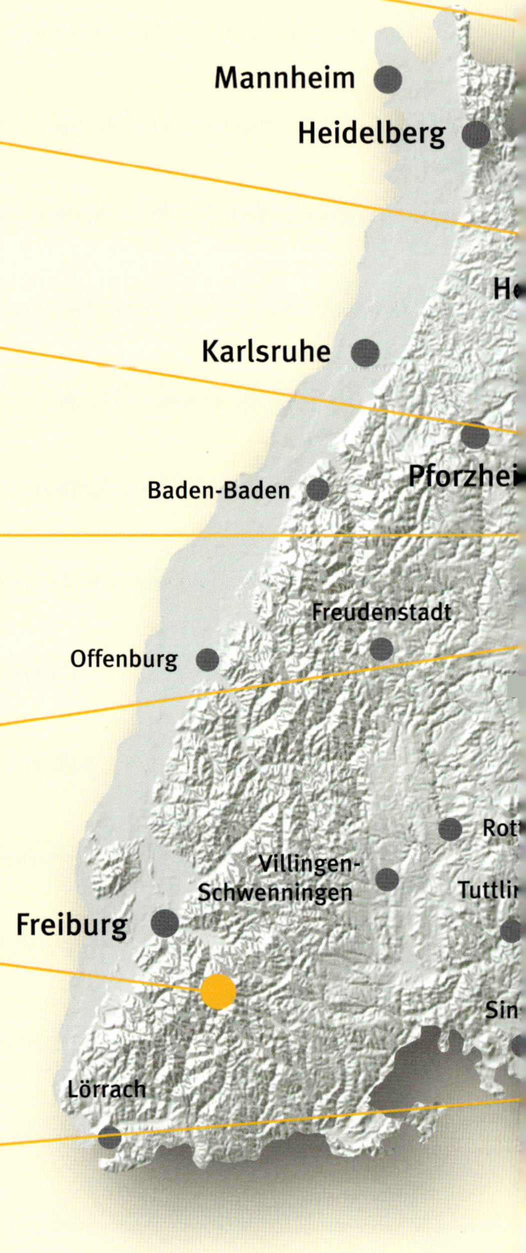